AF171943

Diary of a poet
Skye Silva

Diary of a poet

Skye Silva

Impressum

Bibliografische Information der Deutschen Nationalbibliothek:
Die Deutsche Nationalbibliothek verzeichnet diese Publikation in der Deutschen Nationalbibliografie; detaillierte bibliografische Daten sind im Internet über http://dnb.dnb.de abrufbar.

© 2017 Skye Silva

Illustration: Skye Silva

Herstellung und Verlag: BoD – Books on Demand, Norderstedt

ISBN: 978-3- 743176256

Inhaltsverzeichnis

1. Der Funke 8
2. Empty words 12
3. Die Kraft eines Traumes 17
4. Die sterbende Zeit....................... 21
5. Let yourself live 24
6. Träume 27
7. Freiheit 32
8. Die Dämmerung 37
9. Die Nacht 41
10. Einsamkeit 46
11. Die Erkenntnis 50
12. The Animal Within 53
13. Regenzeiten 69
14. Verbotene Schönheit 75
15. Zwiegespalten 88
16. Untitled 95
17. Little Drabbles 100
18. Schatten(kinder)......................... 103
19. Transformation 112
20. Auf den Dächern dieser Welt ... 120

Anhang

Disclaimer *147*
Danksagung *148*
Einige Links und Kontaktdaten *152*
Mein Schreiben *153*
Autorenbiographie *155*

Der Funke (der uns Künstler treibt)

Der Funke der uns Künstler treibt
Der jegliches Denken weit übersteigt
Glut, die im Herzen heranwächst
Bis der Funken irgendwann überspringt
Und alles zum Leuchten und Lodern bringt

Der Funke, der beseelt
Und seine Bedeutung niemals verfehlt
Für jeden anders
Doch immerzu sehr tief berührt
Nimm dir deine Freiheit der Interpretation
Denn für jeden ist er höchste Inspiration

Der Funke, der uns nachts aus dem Bett holt
Weil er sonst in die wundervolle Weite der Nacht zu entfliehen droht

Der Funke, der Herz über Kopf stellt
Alles umwirft und in Frage stellt
Die Welt von neuem mit Wahrheit und Magie erhellt

Er ist das Herz mit dem ich denke
Und der Verstand mit dem ich zu fühlen gedenke
Der Funke, der mein Herz und meinen Geist niemals verlässt

Der einen Gespenster und wundervolle Märchen,
endloses Potential in allem erkennen lässt

Bis man alles vergisst, sich vollkommen hingibt und fallen lässt
Bis einen jede Logik und der Verstand verlässt
Und nichts mehr bleibt als Träume und Inspiration
Man nun die Entscheidung fasst
Alles ins Kleinste zu durchdringen und ergründen zu wollen
Und poetisch-ästhetisch aufs Papier zu bringen

Was sich nicht begreifen lässt
Und doch das Innerste erfasst
Der Hauch von Sehnsucht
Geküsst von Leidenschaft und Wehmut

Der Funken, der seinesgleichen im ganzen Universum sucht
Und sich doch vor den Augen und Herzen der meisten verbirgt

Wieso kriegen wir nie das zu fassen
Was unser Herz auszudrücken versucht?
Wer des Funkens Meister ist,
Dessen Streben des Herzens bestimmt er
Wessen Seele er gewinnt,
Das vermag allein der Funken und das Schicksal zu sagen
Und wessen Herz er einnimmt,
Der sei gesegnet mit einem göttlichen Geschenk aus der Meisterhand,
Die all dies schuf, was nicht zu sehen ist

Kann der Funken gegen die Stürme des Lebens bestehen
Und irgendwann einmal zu einer mächtigen Flamme aufgehen?
Oder wird er im Meer der Unsicherheiten erlöschen,

Furcht ihm den Zunder und das heiße Glühen, Sternenfunkeln zu nehmen

Der Funken, der alles für mich ist
Meine Art zu leben, zu atmen, zu schreiben, zu sein
Mein Geist und meine Inspiration in der höchsten Kunst

Der Funke, der uns beseelt und fordert
In allem steckt, was wir tun
Unser Herz mit Leidenschaft schlagen lässt

Lass ihn aufgehen zu einem Lodern
Dein Sein und deine Kunst zu verwandeln
Transformation der seelischen Glut, die immerzu in uns steckt
Damit die ganze Welt erfasst wird von dem Brennen

Das unsere Herzen und Seelen schon seit Langem spüren
Verbreite die Botschaft der Flammen
Schrei sie heraus und lass sie die Welt erobern und verwandeln!
Verbreite die Macht des Funkens und lass die Menschheit auflodern!
Und vergiss niemals, diesen Funken in deinem Herzen
zu tragen und zu bewahren
Ganz gleich, wohin dich die mysteriösen Wege des Lebens hintragen,
zu welchen magischen Orten und Möglichkeiten sie dich führen werden

© 2016 Skye Silva

Empty words

Ich schreibe und schreibe
Leere Zeilen
Ein bedeutungsloses Gedicht
Wo stumme Tränen über mein Gesicht laufen
Könnte ich ewig rennen über einen grauen Weg aus unendlichen Meilen
Verliere mich in den Zeilen und vergesse ganz das Ziel dieser Reise
Keiner wird mich finden, ich kann noch so laut schreien
Wer kann schon erkennen, was ich nie jemandem offenbaren könnte?
Was kann ich schon mit belanglosen Worten ausdrücken?
Worte, egal wie machtvoll, elegant oder poetisch, können nicht ausdrücken,
wie es ist, nur zu wissen, nur zu fühlen, jedoch nie zu begreifen
Bloß zerrissen zu werden, ohne die Macht zu erkennen,
die an meinem zersplitterten Selbst zerrt
Worte haben nicht die Macht jemandem, der vor mir steht,
zu zeigen, wer ich wirklich bin
Ebenso wie meine Seele sich nur durch meine Augen mitteilen kann,
wenn man sich Zeit nimmt, in diese zu schauen
Dass ich suche, dass ich flehe, dass ich mich sehne, jedoch nicht wonach
Denn nicht einmal ich weiß es – nie werde ich es jemandem wahrhaftig
verständlich machen können
Kann nur erahnen, wohin mich dieser Weg führen soll
So sind meine Worte nur zu begreifen, wenn man hinter sie blickt

INTERFACE

*Ist Illusion ein schützender Kokon,
der vor den Stürmen und Gefahren dieser Existenz beschützt?
Eine Insel, auf der man vor Verrat und Schmerz sicher ist?
Oder doch gar nur die lächelnde Maske, hinter der sich ein stummer
Aufschrei, gedämpft von Tränen, verbirgt?
Vermag diese unsichtbare Wand zu beherbergen oder sperrt sie den
Geist ein?*

*Kann der Traum von der Fatamorgana bestehen?
Das Paradies ist kein Ort, an dem alles vollkommen ist
Es ist ein Ort, an dem es keine Bedeutung hat,
dass weder ich noch die Welt ist
Doch wie bloß kann ich dorthin gelangen?
Wie mit meinem Geist endlich ankommen?
Diese endlose Suche ohne Ziel, der Weg bis zum Horizont
ist so entsetzlich ermüdend*

*Ich könnte eine Bibliothek vollschreiben mit Texten, die ohnehin keiner
verstehen würde
Außer er wüsste, wie es ist sich zu verlieren, eine Existenz lang nur zu laufen,
ob zu fliehen oder zu suchen ohne anzukommen
Wie ermüdend es ist, kein Ziel zu haben
Doch für denjenigen müsste ich es nicht aufschreiben*

Es ist faszinierend, wie direkt und zugleich indirekt Poesie doch ist
Wenige Zeilen öffnen das Herz zur Seele eines Menschen
Und doch kann sie nie in ihrer Gänze abgebildet werden,
kann ihr Wesen nicht in Worte gezwängt werden
Und kann man trotz unendlich vieler Interpretationsmöglichkeiten
niemals genau verstehen, was der Schöpfer aussagen möchte, die wahre
Bedeutung nur erahnen
Die allwissende Sicht bleibt verwehrt, der Blick hinter die Kulissen
bestenfalls verschleiert
Denn niemand kennt meine (unsere) Geschichte
Ich kenne sie selber kaum, Erinnerungen lang verflogen
Doch sie ist für den Rest der Zeit ein Teil von mir, mein stummer Begleiter
Der Einzige, der mir nie von der Seite weichen wird
Nur sie liegt so tief in mir begraben, dass keine Gedanken, keine Worte an
sie heranreichen können

Wenn Leute sagen, jemand der einen liebt, wahrhaftig liebt,
kann die Welt um einen verändern
Haben sie nie geliebt, nur in einer scheinbaren Illusion der Liebe gelebt
Zu lieben und geliebt zu werden heißt nicht, dass die Welt plötzlich
transformiert wird, eine andere wird, dass sie erhellt wird durch die
Präsenz des anderen
Nein! Was mit der Welt ist, hat für wahre Liebe keine Bedeutung
All das Dunkel in der Welt verliert seinen Sinn, seinen finsteren Glanz mit
einem Mal

Aus der Liebe erwächst eine ungeheure Kraft, die das Böse hemmt
Mit einem Mal scheint es, man könnte es mit allen Kreaturen der Finsternis aufnehmen
 und jeglichen Hass auslöschen
Mit Liebe entfällt das einander verstehen
Denn man spürt und begreift intuitiv durch die Verbindung der Seelen
Mit Liebe im Herzen, wächst unsere Persönlichkeit über das hinaus,
was wir für möglich hielten
Du bist der Grund, wieso ich das Fliegen erlernen möchte
und meine Seele so weiträumig machen will,
Dass du dich in mir vergraben könntest, damit kein Übel der Welt dir mehr etwas anhaben könnte

Liebe verbindet Menschen und überwindet Abgründe,
die scheinbar nie vereint werden könnten
Vielleicht lässt sich mit einem Wort beschreiben,
was tausende nicht auszudrücken vermögen
Vielleicht fasst nur ein Wort, was wir brauchen, um zu begreifen
Liebe
Ein Wort, das nie leer sein kann und seine Bedeutung nie verliert
Zwei Herzen, die sich immer erkennen und finden werden,
Welche Abgründe auch immer sich zwischen uns zu stellen wagen

© 2016 Skye Silva

Die Kraft eines Traumes

Mein Schicksal ist schwer, aber zuzuschreiben
habe ich es nur mir selbst
Dennoch bin jeden Augenblick stolz, die zu sein,
die ich bin - geworden bin mit meinen eigenen
Entscheidungen!
Stark zu bleiben und zu kämpfen, hört sich doch
gar nicht so schwer an
Und das kann es auch sein, wenn man noch weiß,
was Hoffnung ist und wie stark Träume sein können
- wenn man nicht vereinnahmt wird von all dem
Grau

Ich habe viel erlebt, viel Leid gesehen und ein
Meer aus Tränen vergossen
Aber es gab immer etwas, das mich jedes Mal
aufstehen und mein Leid ertragen ließ
Der Weg ging nie zu Ende, selbst wenn ich mich
immer wieder vor einer scheinbar
undurchdringlichen Mauer wiederfand
Mal brauchte es ungebändigte Kraft, um sie zu
zerschlagen und mal die Weisheit, sie zu umgehen

Uns Menschen wurde eine wundervolle Kraft
gegeben, eine Macht mit der wir Berge bewegen
können,
Wenn wir es nur unbedingt und mit allem,
was uns aufmacht, wollen
Das Problem besteht darin, dass wir nicht mit
unserer Macht umgehen können

*Schließt man die Augen und wünscht sich an den
Ort, an den man gehört
Hört man irgendwann auf, die graue Welt um einen
herum zu sehen
Welten aus Papier und Fantasie können dann
auferstehen und zu mehr werden, als bloß
Luftschlösser!
Was dort so alles entstehen kann in den
Freiheiten der Herzen und Träume!*

*Solange man bereit ist, für seine Träume zu
kämpfen und an sich selbst zu glauben,
kann man alles erreichen
Und so verrückt mein Traum auch sein mag,
er wird in Erfüllung gehen
Denn ich werde dafür mit allem kämpfen und
irgendwann einmal die Grenzen des Möglichen
sprengen
Wir müssen uns nur immerzu vor Augen halten,
dass die Möglichkeiten tatsächlich unendlich
sind, wenn unser Geist bloß frei und weit genug
ist*

*Ich träume davon die Freiheit zu spüren
Den Himmel mit meinen unsichtbaren Schwingen zu
berühren
Ich will die Rauheit der Natur und meines
eigenen Geistes spüren und hineinfühlen in die
große Kraft der Fantasie - dem Mystischen
entsprungen
Lass mich die Leerstellen füllen und die
Zusammenhänge erkennen
Und mich in der Sanftheit der Nacht geboren
fühlen*

*Ich will sehen, wie sich der Horizont ausdehnt
und mich mit sich zieht
Die mir so verhasste Angst will ich endlich*

hinter mir lassen und lernen,
zu vertrauen und mich vollkommen hinzugeben
Der Sinn interessierte mich nie,
die Frage der Bestimmung ist viel wichtiger

Wie kann ich alle Grenzen hinter mir lassen und
all das Unwichtige vergessen?
Sodass nur meine Bestimmung und der Glaube
übrigbleiben?

Ich will mich erinnern an das,
was ich in früheren Leben tat und zu dem mir
höchsten Ziel gelangen,
ob es Vollkommenheit, Glück oder etwas vollkommen
Anderes sein mag
Ich will mich fügen, wenn es sein muss,
aber niemals aufhören zu kämpfen und zu
beschützen, was mir am Herzen liegt

Wie wird es sich wohl anfühlen,
ein Teil der Natur zu werden und ist das dem
Menschen überhaupt noch möglich?
Aber am aller wichtigsten:
Ich will wieder lieben können und endlich wieder
geliebt werden
Wo auch immer mein Gefährte jetzt ist,
ich werde dich irgendwann einmal finden
und um Vergebung bitten
Ich will brennen und meinen Geist wieder lodern
sehen, aber diesmal nicht aus Hass,
sondern aus purer Leidenschaft
Ich will der Welt das zurückgeben,
was sie verloren hat
Leidenschaft und Träume sollen wieder zu unseren
höchsten Werten werden und die Seelen der danach
Hungernden erfüllen

© 2014 Skye Silva

Die sterbende Zeit

Basierend auf dem Gemälde „*Die zerrinnende Zeit*" oder auch „*Die weichen Uhren*" genannt von Salvador Dalí

Ich trete ein in eine unwirkliche Welt, nur auf dem Papier zu finden, aber dennoch existent. Das sind die Gedanken, das Werk eines anderen, in das ich jetzt eintauche.
Leicht und gleichzeitig schwerfällig wandere ich umher, versunken in die Landschaft.

Nun habe ich mir alles angesehen und setze mich hin.
Ich spüre das Meer in meinem Rücken, neben mir ein Berg aus schroffen Felsen. Die Landschaft ist leer, trist und grau, aber im Vordergrund sind Dinge, die ich mir nicht erklären kann, Dinge, die es nicht geben kann, aber dennoch faszinieren und fesseln sie mich.

Tick tick tick...

Etwas liegt da auf dem Boden, es ist zerflossen.
Eine Socke vielleicht, die Haare gefressen hat und daran starb?
Auf ihr, ebenfalls schlabberig, eine Uhr, nicht fest und wegweisend, wie sie eigentlich sein sollte,
sondern zerflossen.
Sie hat keine Bedeutung hier.

Tick, tick...

Die **Zeit** zieht sich weiter hin, wie lange bin ich nun schon hier?
Stunden, Tage, Jahre? Ich, weiß es nicht mehr.
Überall sind Uhren, doch sie sagen mir nichts,
bestimmen mein Leben nicht mehr.
Die **Zeit** ist gestorben, aber mein Leben geht weiter, weiter und immer weiter, bis ich mich in dieser Gegend verliere und ganz gefühlslos werde.

Tick...

Nach einer Ewigkeit, so scheint es mir, flammt eine Erinnerung, ein letzter Gedanke in meinem tauben Geist auf.
War da nicht noch eine letzte wahre Uhr?
Eine blutrote Taschenuhr, die als einzige so war,
wie ich es aus meinem alten Leben gewohnt war?
Nein, es ist vorbei. Meine **Zeit** geht zu Ende, ich kann nichts daran ändern, indem ich mich an Erinnerungen festhalte.
Dann gebe ich endgültig auf und schließe meine Augen...

Tick ... tick .... tick.

- Stillstand der Zeit und des Herzen

Ein Leben verträumt? Oder einer traurigen Realität entschlafen?
Zwischen welchen Welten liegt die Wahrheit verborgen?

© 2011 Skye Silva

Let yourself live

Let the sun shine from your eyes
Let the wind be your breath
Let crystal clear water purify you
And the wings of an angel
May guide you to the moon

Let thunder be your heartbeat
Let flames pulse through your bloodstream
Let freedom be your biggest dream
And your strongest desire
May set the world on fire

Let imagination be your wings
Let the whispering of leaves be your inspiration
And hope your motivation

Let your lips be a source of unspoken truth
And don't listen to their distasteful lies
Let art express your soul
And your dance show your deepest yearning

Let running be an act of freedom
Not unrest
Let love be your sweetest drug
Not the force that's tearing you apart...

© 2013 Skye Silva

Träume

*Ich sitze am Fenster und starre ganz gedankenverloren hinaus.
Meine Augen sind schwer geworden von all dem, was sie gesehen haben
und weil sie nicht zu sehen bekamen, wonach sie suchten.
Die letzte Röte des Sonnenunterganges wechselt über in ein rauchiges
Licht und bald darauf schon in eine samtig schwarze Weite,
die nur vom Licht des Vollmondes erhellt wird, der wie eine kostbar
schimmernde Perle am Himmel hängt.
Träge zeichne ich mit einem Finger die Linie nach, die ich für den
Horizont halte. Was sich dahinter wohl verbirgt?
Dort draußen liegt eine Welt aus Schatten und Sehnsüchten,
unerreichbarer Freiheit und Träumen.
So verlockend und gleichzeitig gefährlich.*

*Wo bleibe ich bei all dem? Werde ich immer in diesem dunklen Zimmer
sitzen bleiben, mit meiner Stirn an dieser unsichtbaren Barriere?
Wo wäre ich jetzt wohl, wenn es all die Verpflichtungen
und die unsichtbaren Ketten nicht gäbe?
Was will ich dort draußen überhaupt? Wie kann es sein, dass mich ferne
Orte anziehen, die ich nie gesehen habe
und welche nicht einmal einen Namen tragen?
Warum jagen mich Versprechen, die ich nie gegeben zu haben schien
und warum verspüre ich dieses süße und zugleich schmerzliche Ziehen
in meiner Brust, dass mich hinfort zuziehen droht... wohin?*

*Wie absurd das alles ist. Mit einem traurigen Lächeln schüttle ich leicht
den Kopf. Da erscheint mir ja der Mond näher an mir zu sein.
So groß hängt er hoch über mir und spendet mir sein tröstendes Licht,
das ihm nicht einmal gehört.
So wie mir mein Leben nicht mehr zu gehören scheint.
Wie trügerisch Entfernungen doch sind. Ich könnte schwören,
dass ich ihn berühren könnte, wenn ich nur meine Hand nach dem Mond
ausstrecken würde. Auch wenn ich weiß, wie naiv und kindisch es ist,
tue ich es dennoch, nur um zum wiederholten Male feststellen zu müssen,
wie klein ich doch angesichts des Universums bin und wie begrenzt*

*meine Möglichkeiten sind. Natürlich habe ich nicht die Mittel, um den
Himmel zu berühren.
Doch sind meine Träume so real und fordernd, dass man meinen könnte,
sie wären stark genug, um mir Flügel wachsen lassen zu können.
Wieso verlangt der Mensch immerzu nach dem Unmöglichen?
Warum gibt es bloß nichts Verlockenderes, als die Vorstellung
von den tollkühnsten Möglichkeiten?
Wieso nur wurden dem Menschen Träume gegeben, wenn es so sinnlos
erscheint, ihnen hinterherjagen zu wollen?
Und weshalb geistern so viele Gedanken durch meinen Kopf,
dass er sich bereits zu drehen beginnt?*

*Der Himmel ist ganz klar und das Mondlicht sanft und wegweisend,
wie ein fernes Licht, das einen in dunklen Zeiten leitet.
Ganz im Gegensatz zu meinem Innern, wo Chaos herrscht.
Meine Wünsche kämpfen unerbittlich gegen die Moral an,
Schatten ziehen über das lodernde Feuer der Entschlossenheit hinweg
und versuchen es zu ersticken.
Bin ich wirklich bereit loszulassen und den Preis dafür zu zahlen?
Wenn ich ein Vogel wäre, würde mich nichts mehr hier halten können.
Doch der Mensch ist kein anmutiges Geschöpf des Himmels.
Wer weiß, ob Flügel die Schwere seines Herzens würden tragen können,
wenn er denn welche hätte.
Kaum wahrnehmbar seufze ich. Auch wenn die Melancholie manchmal
droht mich zu übermannen, liebe ich diese Tageszeit,
wenn sich ein mystischer Schleier über die Welt legt und alles in
ungesehenem Glanz erstrahlt.
Sobald die Menschen, die sie wie Parasiten bevölkern,
sich zur Ruhe begeben, kann die Erde ihr wahres Gesicht offenbaren.
Wenn all die Hektik und der Lärm erstirbt, wirkt sie noch wunderbarer
und größer, und der Horizont erscheint nicht mehr wie ein ferner Traum.
Das ist die Zeit, wenn dein Herz sich öffnet für Wunder und die Macht
des Möglichen. Was bedeutet schon Machbarkeit, was sind da Grenzen,
wenn ein Wunsch so hell in dir lodert, dass er alles verbrennt,
was sich seiner Erfüllung in den Weg stellt?
Gäbe es nicht die Begrenzung der Nacht, wäre alles möglich,
daran glaube ich ganz fest.*

Mit einem Mal habe ich genug davon nur herumzusitzen. Mit einem entschlossenen Gesichtsausdruck stehe ich auf.
Wieso sollte es Wunder nur in der Ferne, außerhalb meiner Reichweite geben?
Leise, damit niemand etwas von dem Ausbruch aus meinem Käfig und ja, sogar aus der Realität, mitbekommt, öffne ich das Fenster und klettere geschickt hinaus auf die Fensterbank. Ich bleibe noch einen Augenblick sitzen, als wäre ich nur eine Katze und was ich hier tue, vollkommen alltäglich.
Unser Haus liegt etwas abseits von der nächsten Siedlung, sodass nur weites flaches Land mit der Andeutung von Bergen in der Ferne vor mir liegt. Etwa zehn Meter von meinem Fenster aus, befindet sich ein Strommast dessen Kabel dem Horizont entgegenlaufen, wie ein schier endloser vom Monde beschienener Weg zu einem Land, in dem alle Träume Wirklichkeit werden könnten.
Ich denke nicht einmal daran, zurück zu blicken und lasse bereitwillig das in Dunkelheit gehüllte Zimmer und Leben hinter mir zurück.
Ein Atemzug entweicht zitternd meinen Lungen, sagt „Auf Wiedersehen", so wie ich es tue.
Nur werde ich nicht zurückkehren.
Dann schließe ich endgültig die Augen, werde eins mit der Nacht und tanze über den Abgrund hinweg, wobei ich mich von einer nur für mich hörbaren Melodie leiten lasse.
Wie ein flüchtiger, nicht ganz greifbarer Gedanke schwebe ich hinüber zu den Stromleitungen, die mich tragen, als wäre ich gar nicht mehr da.
Doch nie hat sich etwas realer angefühlt als der Windhauch, der über meine Haut streicht, nie war das Drängen in meinem Herzen so intensiv gewesen. Da liegt sie vor mir, die Freiheit. **Endlich.**
Der Mond, mein einziger Zeuge, scheint noch näher zu sein, als zuvor und ich kann die Geheimnisse, die hinter dem Horizont liegen, mich schon förmlich zu sich rufen, hören.
Ich beginne über diese Leitungen, die wohl eher Wünsche in sich tragen müssen als Strom, zu laufen, fühle mich freier als jemals zuvor und komme meinen Träumen mit jedem leichtfüßigen Schritt näher...

Auf einmal höre ich einen Knall und dann folgt Stille.
Irritiert hebe ich den Kopf ein wenig von meinen Armen an und versuche mich von diesem überwältigenden Gefühl der Leichtigkeit und den letzten Bildern, die schon zu verschwimmen beginnen, zu lösen.
Eher widerwillig bemühe ich mich darum, mich zu recht zu finden und zu begreifen, was geschehen war.
Vor mir spüre ich eine zornige Präsenz, der ich fürs Erste auszuweichen gedenke. Stattdessen blicke ich zur Seite und sehe die Gesichter meiner Mitschüler. In einigen steht Mitgefühl, andere dagegen sind selber kurz davor einzuschlafen oder dabei abwesend etwas auf ihren Tisch zu kritzeln.
„Verdammt, schon wieder eingepennt", denke ich und bemühe mich dabei die Augen nicht zu verdrehen. Es hat eh keinen Sinn.
Mit einem Seufzer drehe ich mich wieder nach vorne und ergebe mich widerwillig meinem Schicksal.
Doch das leichte Lächeln auf meinen Lippen verschwindet nicht einmal beim Anblick des Lehrers, der sich mit verschränkten Armen vor mir aufgebaut hat und mich mit vor Wut blitzenden Augen anstarrt.
Meine Träume kann mir schließlich keiner nehmen und wer weiß, vielleicht werden sie tatsächlich irgendwann einmal wahr werden.
Der Horizont ist nicht weiter entfernt, als zuvor in meinem Traum, das spüre ich. Und wer weiß, vielleicht werde ich ja irgendwann einmal meinen mondbeschienenen Weg in die Freiheit finden.

© 2013 Skye Silva

Freiheit

Nach Jahren in qualvoller Sklaverei
Gefangen in stummem Leid
Entwürdigt, nackt, aller Rechten beraubt
Sich windend unter tausenden Augen
Bin ich nun endlich frei
Aber ich bin weder geflohen,
noch wurde ich befreit
Wer hätte mich schon befreien können oder wollen?
**No one will free you,
if you can't break free yourself!**

Ich habe meinen Knechtern ins Gesicht gespuckt,
sie ausgelacht und ihnen ein bittersüßes Versprechen gegeben
Ich würde zurückkommen und dann werden sie bereuen, was sie mir angetan haben
- and then …

Aber jetzt einmal will ich alles Leid vergessen
und meine Freiheit genießen
Wer weiß schon, wie lange sie wären wird
in dieser Welt
Ich trete hinaus in die Welt, endlich!
Hinein, in was ich mir immer an diesem düsteren Ort erträumt habe
Atme den frischen Wind ein,
Er pustet alle meine Sorgen, meine Vergangenheit hinfort

*Fühlt Unbeschwertheit sich tatsächlich so an?
War es das, war es tatsächlich so einfach?
Zum ersten Mal nach so langer Zeit,
stiehlt sich ein Lächeln auf mein Gesicht
Das Glück durchströmt jede Faser meines
zerschundenen Wesens
Und ich denke, so muss es sich anfühlen zu
fliegen
Ich will das Leben spüren, nach dem ich so lange
in Apathie verharrt habe*

*Ich steige auf ein Boot
Die Gischt spritzt mir ins Gesicht
und es fährt mich mit berauschender
Geschwindigkeit in meine Freiheit
Ich besteige die höchsten Berge
Gehe durch die trockensten Wüsten
Und es treibt mich an die kältesten
und schönsten Orte der Welt*

*Ich will allen beweisen,
dass auch ich glücklich sein kann
Dass ich es nicht verdient habe, gefangen zu sein
Und dass sie mich niemals in ihre schmutzigen
Fänge bekommen werden
Nie wieder werde ich ihnen gehören
Ich habe mir erkämpft, ich sein zu dürfen
Ich sauge die Schönheit der Erde auf
Betäube meinen Schmerz mit ihr*

*Damals habe ich nicht gewusst, dass Freiheit und
Glück nichts mit der geografischen Lage zu tun
haben, sondern mit der seelischen*

*Mit den Jahren fiel es mir immer schwerer,
dem Glück so hinterherzujagen
Ich war versucht einfach aufzugeben, da meine
Lage aussichtslos zu sein schien
Musste lernen zu fliehen, mich zu verstecken und
alle Feinde auszutricksen*

*Wieso? Haben sie mich etwa nie verlassen,
die Ketten immer fortbestehend in dem hintersten
Teil meines Herzens und Verstands?
Denn Freiheit hat ihren Preis, wie alles,
nicht wahr?
Aber innerlich schämte ich mich dafür, dass ich
es nicht geschafft habe, mich ehrlich der **Gefahr
meiner Gefühle**, diesem inneren Gefängnis
gegenüber zu stellen*

*Ich bin eine Meisterin im Lügen und Betrügen
geworden
Aber mich selber werde ich nie täuschen können
Nicht eine Sekunde lang kann ich vergessen,
was der schandhafte Grund für meine
Gefangenschaft und diese elende Knechtschaft war
Ich kann nicht vergessen - und werde es nie
können - was ich getan habe und was aus mir
geworden ist
Wer war ich damals, wann bin ich nur diesen
falschen Weg gegangen?
Was hat mich von dem Schicksal abgebracht,
das mir zustand?
Die blutigen Erinnerungen werden mich immer
verfolgen und es mir unmöglich machen,
tatsächlich und ehrlich glücklich zu werden
Denn wie frei mein Körper auch sein mag,
mein Geist wird immer eingesperrt bleiben in der
Vergangenheit, in der Welt der Scham und*

Ehrlosigkeit - schandhafter Verlust meiner Seele, meiner Selbst

Nun bin ich alt
Erschöpft von der ewigen Flucht vor mir selber
Wie lange noch wird diese Tortur anhalten?
Was wird noch kommen, welche Höllenhunde mich noch jagen?
Ist zu entkommen wirklich, was das Leben ausmacht?
Habe ich etwa die richtigen Abzweigungen verpasst und habe mich daher immer nur durch das Dickicht geschlagen, statt unter der Sonne entlang zu laufen?
Wo war der goldene Weg ins Glück,
von dem alle sprachen?
War ich zu blind, um die Illusion zu erkennen?
Nur zu taub um die Warnungen zu hören,
die ewigen Widerworte aus dem Innern?
Was ist, wenn sie nach all der Zeit doch rechtbehalten würden und ich es nie verdient habe?

Das Licht am Ende des Tunnels schien scheinbar nie näher zu kommen für mich
Kreise um Kreise, tiefer in den Abgrund hinein...
Und diese Augen ruhen immerzu auf mir
mit ihrem strafenden Blick
Ich habe damals einen Plan mit Blut geschrieben
Noch immer ist es nicht an meinen Händen getrocknet, in meine Seele eingraviert stehen verheerende Worte...
Wann wird sich das Versprechen bewahrheiten oder auf Ewigkeit bloß in meiner Fantasie als süße Gelüste verbleiben?

© 2013 Skye Silva

Die Dämmerung

Es ist die schönste Zeit des Tages
Die Menschen kommen endlich zur Ruh´
Aber die Tier- und Gefühlswelt erwacht
Sag mir, wie kann man noch rational denken
Wenn zarte Farben den Himmel bedecken
Der Sonne einen Gutenachtkuss gebend
zur Sternenkuppel werden?
Wie kann einem das Herz ungerührt bleiben,
Wenn die Luft erfüllt ist von magischem Geflüster
und ungeahnten Empfindungen?

Dein Geist will sich jauchzend von deinem Körper
freimachen
Sich mit den Vögeln zum Monde begeben
Welcher der Landschaft etwas Mystisches verleiht

Du gehst durch den sich wandelnden Wald
Das Grün wird in silbrigem Mondlicht erstrahlen
bald
Die Blätter und Gräser streicheln dich
Lenken deine Blicke auf sich
Und zwischen dem Geäst verborgen richten sich
zärtlich blickende Augen auf dich

Sie sind nicht dumm wie viele denken
Vielmehr gedemütigt wie du selbst
In dieser Welt ist dein Platz nicht an der Seite
der Menschen
Du gehörst zu der Natur und ihren Kindern
Die dich aufnehmen und nie verraten würden
Gäbe es nicht die Begrenzung der Nacht

*Du verschließt diesen Augenblick in deinem
Herzen sacht
Er ist teurer als alle Juwelen der Welt
Liebe fließt durch dich hindurch,
verbindet dich mit den Wesen, für die du dein
Leben geben würdest*

*Hier und jetzt kannst du die niederen Regungen
der Menschlichkeit abstreifen
Aus Hass und Verzweiflung wird Zärtlichkeit,
Neid und Gier werden verdrängt vom
Beschützerinstinkt
Du wirst zu einem neuen Menschen,
beginnst jeden Augenblick zu schätzen
Vergessen sind die Lügen und Qualen des Tages
Mut, Aufopferung, Verständnis und Erlösung
scheinen nicht mehr wie unerreichbare Tagträume
Dein Herz öffnet sich ganz von selbst,
nimmt die lang ersehnte Linderung in sich auf
Teilt sie mit den kleinen Freunden, die um dich
herumsitzen, dich zärtlich anstupsen
und deine Wunden lecken*

*Du siehst das Spiegelbild deiner Seele in den
silbrigen Augen dieser sanften Wesen
Doch die ersten, zaghaften Sonnenstrahlen
spiegeln sich bereits darin
Du wünschst dir mit Wehmut,
sie würden wieder verschwinden
Die Zeit ist gekommen, du musst dich wieder
deinem Schicksal beugen
Du gibst dein nächtliches Versprechen*

Und du weißt, würden alle das tun,
bräuchtest du nicht mehr für eine bessere Welt
zu kämpfen und zu leiden

Zurück in dein Leben, dem du doch noch immer zu entfliehen versuchst
Zurück in eine Welt,
in der du nicht heimisch bist
Und es wohl auch nie werden wirst
Die Sonne erwacht und mit ihr die Menschen
Doch würde sie noch scheinen,
Wenn sie die Verbrechen der Menschen kennen würde?

© 2013 Skye Silva

Die Nacht

Die Nacht, schwarz, undurchdringlich
und unergründlich
Sie bietet dir Schutz und führt dich zugleich
in den Hinterhalt
Heimat zahlloser Kreaturen, die Verderben und
Erleichterung bedeuten können
Du fühlst dich ihr in deinem Herzen tief
verbunden, doch da ist auch die nicht rationale
Furcht, dich in ihr zu verlieren

Jeder Schatten kann dich verschlingen, aber deine
Andersartigkeit auch vor deinem Jäger
verschleiern - wer ist hier dein Feind?
Du verabscheust das Licht, aber auch die
Dunkelheit akzeptiert dich nicht

Wenn deine Augen im dunklen Feuer der Nacht
aufleuchten, wendet sich das Blatt
Aus Gefangenem wird Peiniger
Aus Entschlossenheit wird Angst
Aus deinem Retter wird Verräter

Kannst du denn hier du selbst sein,
ohne irgendjemanden zu verraten
Ohne an irgendetwas aus der düsteren
Vergangenheit denken zu müssen?
Die sanfte Schwärze lindert deinen Schmerz und
reißt dir zugleich neue Wunden
Denn du weißt, du kannst dich ihr nicht
vollkommen hingeben - Warum nicht?

*Samtenes Mondlicht umhüllt dich leise seufzend
Was musst du denn tun, um geliebt zu werden?*

*Öffne dein Herz, lass die Güte hinein
Schon wachsen dir Schwingen,
zart wie Engelsflügel,
nur bist du kein himmlisches Wesen
Ganz bestimmt nicht -
Aber auch nicht weniger wert*

*Du bist eine verlorene Tochter des Mondes,
Kriegerin der Sehnsucht
Erfülle deine Bestimmung -
Keine Sorge, es ist nicht schwer
Du musst nur auf dein Herz hören, in ihm liegt
all das alte Wissen um die Welt verborgen
Nur der Schlüssel muss von dir gefunden werden
Suche die Antworten in deinem Gewissen,
nicht in deinem Verstand
Solange du weißt, dass es richtig ist was du
tust, wirst du nichts falsch machen können*

*Akzeptiere dein Wesen,
habe keine Angst vor der dunklen Leere in dir
Werde eins mit deiner Vergangenheit,
den Tausend Facetten deines Ichs
Sei das Tier in dir, dein tiefster Wunsch
und deine Liebe
Und dein Glaube an das Mystische wird stärker
sein als dein Hass*

*Dein Feuer wird alles Schlechte vernichten
Schmelze das Eis auf deinem Herzen
Deine Entschlossenheit wird die Welt verändern
Schließe deine Augen und kämpfe für das, was du
bist und was du aus der Welt machen willst*

Reißende Pranken, glühende Zähne, feuriger Mut
Flügel der Nacht, verdeckt mich mit eurer Macht
Sichel des Mondes verschlossen in brennendem Eis
Mir zu sehen und zu verstehen erlaubt
Das heilende Wasser gefriert zu meinem Blut
Liebendes Feuer entfacht mein Herz, bereit zum Kampf
Der Ursprung meines Fleisches, die Erde unter meinen Krallen,
in der meine Hoffnung und der Glaube gedeihen
Der Wind der Seelen auf meinem Fell mir Flügel verleiht
Der reine Geist macht mich stärker als die Finsternis,
niemals wird mich das Böse verletzen und mein Blut lecken

Ich schwöre den mystischen Eid, die Gesetze der Natur zu achten
Meine Kraft zu gebrauchen für das Gleichgewicht
Das Wohl aller Wesen werde ich mit meinem Wunsch vereinen
Ich verspreche mich den Mächten, die mich übersteigen,
zu fügen und sie zu respektieren
Kämpfen werde ich mit Ehre und Mut,
Das Ziel durch Güte erreichen und nicht aufgeben,
auf dass alle Wesen in Frieden und Freiheit leben werden

Ich glaube an Wunder und kämpfe für das Glück
Lege meine sterbliche Hülle und meine unsterbliche Seele in die
Hand der mächtigsten Wesen
als Ergebene der Macht des Möglichen
An dem Tag, an dem ich aufhören werde an die Mystik, das Gute
und die Rechte aller Rassen zu glauben und dafür zu kämpfen
mit meinem Herzen und dem größtmöglichen Mut,
soll mein Herz aufhören zu schlagen
Ich akzeptiere meine Herkunft, trete mein Erbe an,
auf dass die Vergangenheit bereinigt werde
Wallendes Blut, mach mich zu dem, zu was ich bestimmt wurde

© 2013 Skye Silva

Einsamkeit

In der Dämmerung
Auf den schroffen Felsen sitzend
Schaue ich hinaus aufs Meer
Seit Ewigkeiten wallt es mit ungeheurer Kraft
zwischen den Kontinenten umher
Es ist bereits so uralt und wird noch auf Erden
verweilen für lange Zeit
Aber selbst diese Wassermassen sind vergänglich

Was soll ich da schon von mir behaupten?
Wenige Jahre wurden mir gegeben
Nur ein Wimpernschlag für die traurigen Augen
der Erde
Und selbst diese Zeit kann vergiftet werden
Zerstört oder vorzeitig beendet
Kann ich der Welt entrissen werden
Durch mein eigenes Verschulden oder das Anderer

Was soll ich nur anfangen mit dem Wenigen,
was mir bleibt?
Die ganze Welt bereisen und mich lossagen
von allen Verpflichtungen?
Würde es mich glücklich machen?
Oder mich für Andere aufopfern
Würde es mir etwas nützen?

Jeder Mensch bekam etwas von der Ewigkeit
Ein Geschenk, mit dem nur die Wenigsten
etwas anzufangen wissen
Die Meisten vegetieren vor sich hin
Ersticken im Qualm ihrer Qualen

Und meinen so müsse es sein
Ist das etwa sinnvolle Nutzung von Zeit?
Wenn sie dann alt sind, kommt die Erkenntnis:
Sie haben nichts erreicht
Doch muss man immer etwas erreichen?
Würde es nicht schon ausreichen,
mit der Zerstörung aufzuhören?

Verachtet und ausgegrenzt wurde ich an diesem Ort
Was soll ich denn noch dort?
Niemand stand mir bei
Selbst Leute, die sich Freunde nannten,
haben sich ohne zu zögern ihrem Egoismus
zugewandt und nicht mir

Was hat mir mein großes Herz gebracht?
Auf meiner Reise, der ewigen Suche ohne Ziel
Habe ich immer allein gestanden
Ausgenutzt, missbraucht, ausgeliefert
Obwohl die Erde voll ist von Seelen,
alle verbunden durch das Menschsein
Ist doch jeder auf sich selbst gestellt

Ich war nie wie sie
Habe auf Träume gebaut
Und nicht auf Geld
Habe nur Zuneigung und Verständnis gesucht
Keine Macht der Welt hätte mein zerrissenes Herz
flicken können
Habe mich der Natur zugewandt
Nicht der Technik, die alles einmüllte
Wurde zerstört durch meine Sehnsucht danach,
mein Herz mit jemandem teilen zu können
Zerfressen von der **Einsamkeit**

*Nun liegt in meinen Augen dieselbe Traurigkeit
wie in den Augen der Welt
Denn wenn man als Einziger die Wahrheit erkennt,
Reicht nicht einmal die Ewigkeit aus,
um die Naivität der Menschheit zu besiegen
Ich werde ihnen nicht die Augen öffnen können
Geschweige denn ein paar mehr Jahre*

*Angekommen am Ende meiner Zeit
Wünsche ich mir nicht noch mehr von ihr
Weil sie in einer solchen Welt keinen Wert
mehr hat und nur Leid bringt
Das letzte bisschen, was noch von mir übrig ist
Erhebt sich von dem Trümmerfeld meiner Seele
Und stürzt sich in die Kühle der Fluten
Dankbar für die* **Erlösung**

© *2014 Skye Silva*

Die Erkenntnis

Bis zu diesem Moment wusste ich nicht einmal,
dass mein Herz in Stücke gerissen wurde
Ich wusste nicht, dass mir etwas fehlte
Und auch nicht, dass ich auf der Suche war
Mir war nicht einmal bewusst, dass ich es nun
gefunden hatte

Die Sehnsucht in meinem Innern zerriss mich
Ich fühlte den Schmerz überdeutlich
Aber ich konnte nicht verstehen, woher er kam
Konnte und wollte es nicht wissen
Denn ich spürte ...

Es würde alles ändern
Ich würde mich hassen für das, was ich bin
Ich würde die anderen verurteilen
Dass sie nichts getan haben,
ist nicht ihre Schuld
Ist es nicht meine?

Schließlich habe ich nichts getan,
habe nicht gekämpft
Sondern getötet, geschrien und bin geflohen
Ich habe die Augen verschlossen vor mir selbst
und mit ihnen mein Herz

Ich hatte Angst, ja verdammt, ich gebe es zu!
Will nicht länger lügen,
mir nicht länger etwas vormachen!
Habe mich so sehr gefürchtet vor mir selbst,
vor der Grausamkeit dieser Welt und davor,
dass mein Herz endgültig gefriert
Schläge, Hass und Verrat tun weh

Ich weiß es am besten...
Denn ich brachte den Schmerz zu den Menschen, die
ich eigentlich lieben sollte
Ich traf mich damit selber, nicht zu ertragen war
die Wut
Warum tun wir uns nur ständig weh?
Wieso schmerzt die Erinnerung,
die bittere Erkenntnis bloß so sehr?
Warum, warum, warum kann es nicht einmal
einfach sein?

Ich habe ihn verletzt, wie konnte ich nur?
Ich war sein dunkler Schatten, der ihm überall
hin folgte und ihn langsam zerstörte
Nahm ihm seine Existenz und verfluchte die meine
Und nun lagen wir beide in Trümmern da

Und das weitaus Schlimmste: Ich kann in meinem
kalten Herzen nicht eine Spur von Reue finden...
Ich habe ihn zerfetzt wie ein wildes Tier
Und nun zerstört mich diese Erkenntnis

© *2012 Skye Silva*

The Animal Within

Wir alle wollen etwas Besonderes sein
Doch fürchten wir uns davor, anders zu sein,
Scham vor uns selbst in den Augen anderer
Aber um besonders zu sein,
Musst du stärker, bedeutsamer sein als der feige graue Haufen,
beweise also deine Überlegenheit!
Wie weit bist du bereit für deine Träume und diese brennende Sehnsucht,
die in dir wütet, zu gehen?
Hast du den Mut, dir deine Einzigartigkeit zu verdienen?
Hast du genug Stärke, um dich gegen die ganze Welt zu stellen?
Hast du genug Stolz, um dich nicht selbst zu verachten?
Aber auch nicht zu viel, um dich nicht maßlos selbst zu überhöhen?
Kannst du mit der Wildheit in deinem Herzen umgehen?
Verleugne nicht dein wahres Wesen
Lass die Kraft endlich aus dir herausbrechen
Du hast nicht das Recht und die Macht, sie zu bezähmen
Lass dich von der Sehnsucht und Rauheit überwältigen
Und du wirst erkennen, wer du schon immer sein wolltest
Und dann wirst du sie klar vor dir erkennen:
Die wahren Monster
Lächelnde Dämonen, Wölfe in Schafsgestalt
*Auf **dich** werden sie mit dem Finger zeigen und dich verurteilen!*

Take me away

Take me away to the land of dreams
Take me away, show me what freedom means
I want too see how wonderful this world can be
So desperately I want to taste how beautiful life can be

I'm sick of this endless game
I can't bear to see them any longer
Hollow people walking down the streets of their lives without looking around
With broken hearts not able to notice anything
I want to punch them in the face and shout:
"What's wrong with you?"
But they just keep staring at me
with shadows in their souls and ice around their hearts
Like I am the one who is crazy
They don't want to accept the truth and keep telling me lies
And try to convince themselves of an illusion,
that must hurt less than reality
Cowards and liars, all of them

My heart is bleeding
My being is aching
My soul is yearning

When will I find paradise?
Or is it not made for me? Not intended for someone like me?
Will there always be this pain, these shadows in my soul?
Darkness surrounds me,
swallows up the remnants of my soul and all hope

I am lost in the way of shadows
Stuck in their kingdom of darkness and deception
Dark clouds towering above my head, right above me
Demons lurk around me
My eyes lost their sparkle,
my soul its shine and blaze a long time ago
Time seems endless and so dull
My existence so useless and empty
I am painted in scars from my own battlefield
My mind filled with dark holes
That only devour more of my soul and grow

I'm so tired of fighting it
What will happen if I surrender?
Will anybody even care?
Mankind is so cold, that it puts out my fire
I'm longing for a place that is still warm

I want to break through this system
I want to find my own way

*But it's so hard to fight for your dreams
When they seem as far away as the moon
Yet they shine to bright and beautiful in the distance*

*Now I'm sitting in the nature
The only place where happiness seems to exist
The only thing that bothers me,
is the tiny thought about the next moment filled with pain
that stays always on my mind
Hoping, waiting for my time to come*

*Take me away to a land beyond (this world)
Take me away to a place my heart knows
I want to feel myself again
Want to be able to recognize this reflection again
So desperately I want to feel life and liberty one more time
I want to find hope again*

   Take me away
      Take me away
         Take me away
            ....

Es brodelt in mir
Das Tier, das von der Gesellschaft genötigt wird,
Sich im hintersten Winkel meines Herzens zu verbergen
Es will ausbrechen, seit Jahren schon der Gefangenschaft überdrüssig
Will die Fesseln von sich werfen und sich nie wieder fangen lassen
Die Sehnsucht, die ich schon mein ganzes Leben lang verspüre,
Will gestillt werden, will erfüllt werden
wo schon immer nur schmerzliche, allesverzehrende Leere war
Befriedigung der animalischen Gelüste

Wird dieses Feuer vergeblich in mir brennen?
Dieses wundervolle Geschenk wird zu erdrückender Qual
Ich kann es nicht einlösen, wenn ich am Leben bleiben will
Doch was bloß ist das für ein Leben?
Es zerreißt mich förmlich,
kann kaum noch die Bruchstücke meiner Seele zusammenhalten
Die konkurrierenden Teile eines sterbenden Herzens streben
in entgegen gesetzte Richtungen
Wie viel kann der überspannte Muskel ertragen,
bevor er in einer Fontäne aus Blut und Leid reißt?
All die unerfüllten Wünsche machen mich wahnsinnig
Wann hört diese köstliche Folter nur auf?

Das Raubtier schlägt unruhig mit seinem Schwanz
Will, dass ich es aus seinem Käfig in meinem Kopf befreie
Es droht mit rohester Gewalt die eisernen Stäbe auseinander zu brechen

Ohne Rücksicht, wie viel Blut wir beide dabei verlieren würden
Wer seine Seele bereits verloren hat,
muss nicht mehr um ein wenig Blut fürchten

Es tut mir selbst weh, dass ich es derartig zügeln muss
Dass ich es noch nicht zulassen kann
Auf Vernunft und Geduld hat dieser Teil von mir noch nie gehört
Meine Wünsche sind dieselben wie auch seine
Ich will kämpfen, reißen, leben
Will den Wind durch mein Fell streichen fühlen
Ob es dafür mit dem scharlachroten Lebenselixier getränkt werden muss,
ist dabei nebensächlich
Ich bin gerne bereit Jahre dieses Lebens, dieses Gefängnisses zu opfern
Für einen reinen Augenblick voller purstem Genuss des Herzens
und aller unser beider Sinne, Hauptsache er wäre rein
Doch noch muss ich meine Zähne zusammenbeißen
und bloß keinen Fehler begehen
Im Schatten muss ich verbleiben bis meine Zeit gekommen ist
Aus der Dunkelheit hervorzuspringen und zu töten
Zu nehmen was rechtmäßig das meine ist
und mir in dem bösen Hinterhalt geraubt wurde,
Der sich Realität und Gesellschaft nennt

Niemand darf sehen, wer ich wirklich bin
Meine geheimsten Wünsche müssen verborgen bleiben
Bis ich auf Gleichgesinnte treffen werde

Die Befreier unserer Rasse, denen das Brennen des Herzens
nach Gerechtigkeit nur zu vertraut ist
Denn sonst wäre es mein Ende und das Ende von allem, woran ich glaube

Es wird von Sekunde zu Sekunde unmöglicher mich zu beherrschen
Die Glut lodert bereits unerträglich heiß in mir
Das rohe Wilde treibt unaufhaltsam an die Oberfläche
Es zurückzuhalten feuert seine Wut nur noch weiter an
Zu lange wurde es zurückgehalten in einem naiven Versuch es zu schützen

Der Hass wird immer beißender
Verbrennt mich nahezu von innen
Als ob noch so viel übrig wäre, was brennen könnte…
Meine Zähne wollen zuschnappen, wie es ihnen bestimmt ist
Aber ein Kauknochen wird sie nicht zufrieden stellen können
Sie wollen das dämliche Grinsen in den Gesichtern der Schuldigen kosten
Die Rechnung mit dem Schicksal wird irgendwann beglichen werden

Ich bin ein wildes Tier, frei geboren, nicht zur Unterordnung bestimmt
Ich werde nicht zögern, meine Rechte in Anspruch zu nehmen
Niemals werdet ihr mich zähmen können
Spart euch euren Hochmut
Meiner Kraft, Anmut und dem von euch geschürten Zorn,
ist er bei weitem nicht gewachsen
Denn ich bin die wütende Raubkatze –

wilde Bestie, wenn es sein muss, um euch zu besiegen
Nicht eurer liebes, seines Willens beraubtes Schmusekätzchen
Eure Einbildungskraft ist erstaunlich
Doch wird die unter meinen wütenden Klauen und Zähnen zerfallen
bis nichts mehr von euch bleibt
So wie ihr es mit mir getan habt
Unterschätzt mich bloß nicht – Es könnte euer letzter Fehler sein
Ich bin kein dummes Tier, keine gehirnlose Tötungsmaschine
*Wie **die**, die sich euch bedingungslos fügen*

Wenn ihr glaubt, Tiere hätten keine Seele und kein Recht auf ein freies
Leben, werde ich euch mit meinem Willen und mit meiner Kraft
all das Unrecht zeigen, das ihr über andere gebracht (habt)
Bloß weil ihr euren Käfig selbst gewählt habt,
denkt nicht ihr solltet ihn auch über anderen errichten
Schämt ihr euch nicht, überhaupt diese Dreistigkeit zu besitzen?

Euer Kampfeswillen mag aus Machtgier herrühren,
unserer aus Überlebenswillen erzwungen
Die meiste Stärke führt das reine Herz
Denn in mir brennt noch immer Licht,
Das in euren Herzen schon lange erloschen ist
Nun lodernd es flammenrot in mir auf, durch eure Einmischung
Und wenn ich jedem einzelnen von euch das Herz herausreißen muss,

so ist es dies mehr als wert
Mit meinem Gewissen könnte ich es besser vereinbaren,
als nichts zu tun und euch weiter wüten zu lassen
Kein Groll und keine Strafe der Welt kann überwiegen,
wie ihr mich für nichts gestraft habt –
ein unschuldiges Herz verdorben, zu viele gute Seelen verloren
Denn ihr habt keine Herzen und meines mir genommen
Besaßt ihr jemals etwas wie ein Gewissen?
Ihr könnt mich gefangen nehmen so lange ihr wollt
Ihr werdet mich nie so brechen können,
so wie ihr gebrochene Wesen seid
Dank euch bin ich nahezu gewöhnt an den Käfig, an die harte Hand
Die Zeit wird kommen, da wird sich als die Schuld über euch ergießen
Ihr werdet endlich begreifen – zu spät für Erlösung jedoch
Zu viele Herzen vernichtet, um eure Taten zurücknehmen zu können
Ihr werdet brennen in meiner Glut, wie sie mich verbrannt hat
als ihr sie klein gehalten habt
Vergeltung ist mein Ziel und ich werde euch damit erreichen

Auch wenn es das Letzte ist, was ich tue
Ich schwöre euch, ihr werdet all dies bereuen, denn
ich würde lieber sterben als aufzugeben und euch gewinnen zu lassen
Dank euch bin ich bereits kaum mehr als eine Hülle
angefüllt mit purer Wut
Der Drang wird immer stärker unter dem beständigen Druck
Das System ist selbst schuld,

Dass es sich seine eigenen Monster züchtet
Der Tag schürt Angst vor der Dunkelheit
Solange ihr noch die Macht habt
Ihr solltet den Tag fürchten, an dem meine Übermacht
über euch hereinbrechen wird

Ich will endlich frei sein und jeden zerreißen, der mich daran hindern will
Ihr standet schon viel zu lange in meinem Weg, den Schwanz angezogen
Betet, dass eure kurzen Beine schneller sind als meine gebrochenen
Euer Glaube ist mit Sicherheit nicht so stark
wie der Sturm, der im mir tobt
Seit einer Ewigkeit darauf bedacht euch zu vernichten
so wie ihr Vernichtung brachtet mit jedem Atemzug
Doch meine Zeit ist noch nicht gekommen
Geduldig warten lautet die Devise
Ich weiß die Zeit, da ich meine Krallen in eure Kehlen
werde schlagen dürfen
Wird früher oder später kommen, so bald schon werdet ihr bereuen

Ich bin die Urkraft, die seit Jahrtausenden in Vorfreude ihre Krallen wetzt
und auf euer gehetztes Atmen lauscht
Kein Grund zu rennen, Zuflucht wird euch nie mehr gewehrt werden
Auch wenn ihr über jede List verfügt
Ich beherrsche jeglichen Weg und meine Entschlossenheit
besser als ihr Feiglinge euer Machtspiel
Ihr werdet mir nicht entkommen, so wie ich meinem Gefängnis

Vorerst.
Eure Selbstüberzeugung ist nicht ohne Grund schwächer
als die Rationalität und Vernunft eines anständigen Menschen

Only the strongest will survive
Und das werdet ganz sicher nicht ihr sein,
Dafür werde ich sorgen, das schwöre ich auf all die Leben,
die zerstört vor euren Füßen liegen
Tyrannen haben noch nie ein gutes Lebensende genommen
Karma wird den Preis vielfach zurückfordern
Eure Zukunft steht befleckt von Angst und Unsicherheit,
wo Hoffnung in meiner Vergangenheit lag

Schon seltsam, diese Ironie
Überall nur Monster, wohin man auch sieht
Aber diejenigen, die für ihre Träume und ihre Rechte kämpfen
Sind scheinbar die bösen schwarzen Seelen unter uns
Doch sind sie nur unterdrückt von dem **wahrhaftigen Bösen**,
Das uns alle in seinen Krallen hält und doch so schwach und feige ist
Wie könnten sie nur ohne **ihre persönlichen Monster** *leben*
Die ihr Überleben, ihre Führungspositionen sichern
Die *werden als Helden angesehen*
Dabei töten sie meist noch kaltblütiger und verzweifelter
als der Rest von uns armen Geschöpfen
Wir - die **ihnen** *bestätigen wie machtvoll sie doch (selber)*
Und dass sie ja keinesfalls vom Bösen befallen sind

Futter für ihre Arroganz, Ignoranz und Ausgrenzung
Und diese Monster kümmert es nicht einmal!
Sie haben ohnehin nie Liebe und Verständnis erfahren
Aber ich will nicht zu diesen Seelenlosen gehören
Wer weiß ob es mir vorbestimmt ist
Ich werde meinem Schicksal nicht entfliehen können
Und ich will es auch nicht

Mein Zorn wird durchbrechen, eines Tages
Egal auf welcher Seite ich dann stehen werde
Es fragt sich bloß, ob mein Gewissen über meinen Selbsterhaltungstrieb
und meine Rachegelüste wird siegen können
Oder werde ich es verlieren in dem Hass
So wie **sie** es verloren?
Doch ich werde mich so lange auf der Seite des Guten halten, wie ich kann
Ich fürchte mich nicht Krieg gegen den größten Kriegsverbrecher aller Zeiten zu führen
Soll doch dabei alles zerstört werden
Es ist ohnehin nichts mehr übrig,
Das nicht von euch befleckt ist
Und wenn, sollte es lieber vernichtet werden
Als in eure todbringenden Hände zu fallen
Eure Seuche breitet sich aus und verschont nichts
Nicht einmal die heilige Natur
Doch meinen Geist konntet ihr nicht erobern und halten

Mag sein, dass ich in euren Händen das meiste Gute aufgeben musste
Angesichts eures Hasses konnte es einfach nicht bestehen
Ohne selbst ins furchterregende verzerrt zu werden
Oder habe ich gerade durch euch seinen wahren Wert erkannt?

Aber eure Ideologie kann meine Philosophie nicht durchkreuzen
So wie sie die Herzen der Unwissenden, der grauen Masse fluten konnte
Mein Wille, die Kraft meines Tieres und Traumes bleibt trotz allem so rein,
Dass er all das hässliche niederträchtige in euch
in weiße Flammen der Gerechtigkeit stecken wird
Egal was kommt, ich werde versuchen euch vom Thron zu reißen
Der euch niemals überhaupt zustand
Nur Liebe darf walten
Niemals das was ihr predigt
Egal was ich dafür tun muss, um eure Grauensherrschaft zu beenden
Es wird niemals ausreichen können, um mich
in dieselben Höllenkreise wie euch zu befördern
Ich bin bereit für den Traum von Freiheit zu sterben
Damit niemand mehr so leben muss, wie wir zu eurer Zeit
Ihr werdet in eurem letzten Atemzug erkennen,
Was ihr ein Leben lang Falsches getan habt
Ich werde euch beweisen,
Dass Monster euren Grades nicht geduldet werden
Es wird sich immer jemand finden, der Gerechtigkeit
auf seine Schultern nimmt

Und die Fäulnis in euren Köpfen beseitigen wird, indem er euch köpft
und eure verdorbenen Gedanken beseitigt
Wesen wie ihr, habt keinen Verstand verdient,
Wenn ihr ihn nur für Tyrannei benutzen könnt
Ihr habt nie gewusst, was Gnade und Güte ist
Also werde ich nur für euch übersehen,
Dass Vergebung walten kann
Habt ihr nicht auch stets übersehen,
welches Leid ihr mit eurem Heereszug des Egoismus angerichtet habt?
Selbst die Vergebung selbst, würde beim Anblick eurer pechschwarzen
Seelen das Gesicht abwenden müssen
Und glaubt mir, sie hat so einiges gesehen
Nur noch nie so ein tiefes schwarzes Loch,
Das keine Liebe mehr aufnehmen kann und nie auch nur kosten durfte
Wenn ich mit meiner Aufgabe fertig bin
Kann ich nur hoffen, dass die Gnade nicht auch mich verlässt
Doch in meinem Herzen war immerzu Liebe
Wo ihr nur Selbstliebe kanntet
Ich brannte mit der Leidenschaft für Freiheit
In meinem Herzen war Entschlossenheit
Wo ihr entschlossen ward
Alles zu erlangen, was ihr nur irgendwie kriegen konntet
In meinem Herzen schlug **das Herz aller**,
die je von euch Schaden genommen haben
Wo euer Herz einsam und verkümmert war
Ich kämpfte für eine gemeinsame Sache

Wo ihr nur an euch selbst denken konntet
Mir bedeutete Freiheit die Welt,
Wo ihr von Unterdrückung lebtet
Ich stehe nicht alleine an der Front in diesem Kampf
Doch ihr seid verbitterte Einzelkämpfer
Glaubt ihr tatsächlich, dass schwarze Herzen gegen unsere
in Flammen stehenden bestehen können?
Und sie nicht verkohlt unter unseren Pranken enden?
Wer wird die Geschichte eurer Leben schreiben,
in welchen Tönen sie dort abgebildet stehen?

Nun, was wird es werden?
Das Ende dieser Reise, die Katharsis steht kurz bevor
Selbstaufopferung oder Sieg?
Niedergang oder Triumph?
Ist mein wildes Herz stärker als das eure, durch Machtgier vergiftete?
Freier Willen oder Herrschaft der Gier, dieser dunklen Begierde?
Welche Seite wird den Sieg davontragen,
welche in ihrer eigenen Schuld untergehen?

Das Tier reißt sich endlich frei und stürzt sich in den Kampf
Bereit den Knechter zu zerfetzen
Kampfesschrei erzürnter, lang unterdrückter Seelen
Bereit sich für Gerechtigkeit zu opfern, zu kämpfen bis zum Ende
Möge die Wildheit gegen die Monster siegen

© 2014 Skye Silva

Regenzeiten

Verhangener Himmel
In der Ferne ist schon das Gewitter zu vernehmen
Ausdruck des Grolls der mächtigsten Wesen
Vorzeichen des Kampfes um alles
Schlechte Aussichten

Es wird ein Kampf um deine Seele, dein Überleben,
deine Liebe und deinen Glauben werden
Verlieren ist keine Option, wenn du noch eine Chance willst
Und dann setzt er endlich ein
Rettender Regen,
Versucht den Schmerz fortzuspülen, die Verbrechen zu bereinigen
Doch das Einzige, was er dir nimmt, ist dein Mut und deine Kraft

Wende dich nicht vom Schlachtfeld ab, renne jetzt bloß nicht weg!
Dies ist die letzte Chance, die man dir je geben wird
Zeige, dass du sie verdient hast und du nicht endgültig verloren bist
Du bist die Einzige, die diesen Kampf entscheiden kann
Wenn nicht du, wer soll dich dann retten?
Es ist zu spät
Du hättest sie nicht wegschicken sollen
Und hör auf dir einzureden, es wäre nur zu ihrem Schutz gewesen
Dieser Kampf geht jeden an, aber jeder ist ein Einzelkämpfer in ihm

Erwarte nicht geschont zu werden
Wisch dir endlich deine verdammten Tränen weg
Was bringt es dir aufzuschreien in ersticktem Schluchzen,
wenn du sogar den Himmel zum Weinen gebracht hast?
Trauer nicht um den Verlust, du gabst dich schließlich selbst auf

Feige warst du schon immer
Jetzt bekommst du die Möglichkeit zu zeigen, was wirklich in dir steckt
Was neben der Fäule in deinem Herzen liegt
War es nicht das, was du schon immer wolltest?
Niemand wird sich vor dich werfen
Deine Waffen werden nur dich töten können
Aussichtslos?
Nein, nur für jemanden wie dich
Du glaubst alle sind nur gegen dich?
Wie sollte es anders sein, wenn du selbst nicht weißt,
auf welcher Seite du zu stehen gedenkst?
Und die Seite der Verlierer muss nicht dein Schicksal sein
Schicksal hat aber auch nicht die Macht,
dich zur Siegerin zu machen
Das kannst nur du

Gedanken sind Schilde aus Luft
Aber Glaube eine Waffe härter als Stahl,
wenn dein Verstand klar genug ist

Flammenwerfer, wenn du das Feuer zulässt
Aber erstarrt, wenn dein Herz von Angst ergriffen ist

Entledige dich endlich deines Hasses
Wut kann keinen außer dir selbst besiegen
Deine Flügel sind nicht gebrochen,
wenn du sie zum Schlagen bringen kannst
Dein Geist ist nicht dunkel,
wenn du ein Licht am Horizont erahnen kannst

Denke immer daran, bittere Tränen können nicht heilen
Lass zu, dass es dein Herz zerfetzt
Du bist selber schuld daran, dass es dazu kommen musste
Dich gegen deine Schuld zu verteidigen, ist aussichtslos
Sie wird dich zerfetzen, wenn du sie nicht begleichst
Vergiss nicht dein Versprechen immer weiterzukämpfen
Lösche das Böse in deinem Herzen aus
Aber dafür muss es in Flammen aufgehen!
Nur als Phönix kannst du aus dieser Schuld wieder auferstehen
Die entscheidende Frage ist, was du ertragen kannst

Wie viel können diese schmalen Schultern tragen,
wie weit dich deine schwachen Beine tragen?
Du bist nicht menschlich, wenn du das nicht erkennst und lernst,
wirst du ewig unter ihnen kriechen müssen
Du bekamst ein wunderbares Geschenk von der höchsten Macht
Verspotte sie und dich selbst nicht, indem du es wegwirfst

In dir ruht eine Stärke, die alles vernichten
aber auch heilen und erretten kann
Entscheide weise, auf wen du deine Waffen richten willst
Wenn du es denn schaffst, deine Macht erwachen zu lassen
und dich aus der Starre zu lösen
Deine Entscheidung muss felsenfest sein,
wenn du deine Möglichkeiten nutzen
Und die Chance auf Vergebung nicht vorüberziehen lassen willst

Schau nicht so verzweifelt zum Himmel hinauf,
in ihm wirst du keine Antworten sehen!
Wenn man schon blind ist, sollte man sich wenigstens
auf seinen Tastsinn verlassen können
Doch du fühlst immer nur das Falsche, während du dich
den feigen Weg mit zitternden Fingern entlangtastest
Sieht so etwa eine Siegerin aus?
Belüge dich doch nicht immerzu selbst!
Entscheide dich **jetzt** für Wahrheit oder versinke in den Lügen

Langsam neigst du deinen Kopf
Welchen Gesichtsausdruck wirst du jetzt aufsetzten
Entschlossen oder ängstlich?
Kämpfen um dein Leben oder dir einfach alles nehmen lassen?
Die Entscheidung liegt bei dir allein

Und langsam schaffst du es, dich von deinem Fluchtweg abzuwenden
Deine Augen richten sich nach vorne

Aus dem kleinen Mädchen wird eine wahre Kriegerin,
die den möglichen Untergang mit einem Lächeln herausfordert
Doch der wirklich schwere Schritt kommt nun erst
Töte dich selbst, sonst werden deine Träume ausgelöscht
Wie viel bist du bereit zu geben für Vergebung?
Für jede Träne eines geliebten Menschen ein Tropfen Blut
Du wirkst blass, glaubst du dein Blut wird ausreichen?
Für jedes verspottende Lachen, ein alles zerfetzender Schmerzensschrei
Aus wie hartem Material bist du gemacht?
Zeige es der Welt jetzt - oder lasse dich von ihr zerstören
Wie strapazierfähig ist diese düstre' Seele, die Unheil über alles brachte?
Wird dein Panzer nun endlich aufbrechen
und dein dunkles Herz entblößen?

Auf jedes verzweifelte Flehen folgt ein weiterer Albtraum
Deine schlimmsten Ängste werden Wirklichkeit
Wie fühlst es sich an, sich selbst so zu sehen?
Wann verstehst du endlich, dass dies alles andere als ungerecht ist?
Schließe endlich deinen Mund, reiß dir doch die Zunge aus,
wenn du es selbst nicht mehr hören kannst
Aber gib niemals so kurz vor der Erlösung auf ...

Der Moment, der dein Schicksal bestimmen wird, ist nun gekommen
Vergeude ihn nicht und lass ihn nicht einfach entfliehen!

© 2014 Skye Silva

Geschichten von verbotener Schönheit

Alles was schön und prachtvoll ist
Zieht uns magisch an
Wir würden alles dafür tun,
Uns im Glanz sonnen zu dürfen
Dabei sind uns die Hintergründe ganz egal
Wir hinterfragen nichts und fragen uns nicht,
ob wir es denn sollten
Wir können nicht glauben,
Dass sich hinter solcher Schönheit
Böses verstecken soll
Dass sich hinter Licht die Dunkelheit
und ein Abgrund verbergen könnten

Wir tun die wenigen Schritte zum trügerischen
Glück und gehen in ihm auf
Zögern nicht im Geringsten und merken nicht,
Dass es uns verändert
Schönheit kann wie eine Droge sein
Ebenso wie das Böse
Es ist schwer zu widerstehen
Selbst wenn ein Leben davon abhängt
Mit tapsenden Schritten würden sich die Meisten
in den Tod begeben
Nur um einen einzigen Blick zu riskieren
Einen Blick mit verhängnisvollen Folgen

*Ich stehe da, regungslos,
auf der Plattform des Verderbens
Was ich alles getan habe, um hierher zu kommen,
war längst vergessen als ich ihn erblickte
Gefesselt und blutend lehnt er an dem Pfahl
Der Pfahl des Untergangs,
aber gewiss nicht der seine

Den Kopf gesenkt, die glühenden Augen geschlossen
Sein nackter Oberkörper ist mir ausgeliefert
Sein Leben liegt in meiner Hand
Glaubte ich
Wie sehr man doch irren kann…

Die schwarzen Flügel hängen schlaff herab
Verwundet durch meine Hand
Als ob ich einem Wesen wie ihm
nur einen Kratzer zufügen könnte
Die Bosheit quillt in mir hoch
Ich werde es noch teuer bezahlen
Es erfüllt mich mit Genugtuung,
Dass ich in der Lage war ihn zu fangen,
mich an seiner Schönheit ergötzen kann und
ihn anschließend nach langen Qualen töten darf

Nur ist mir nicht bewusst, wer da die Fäden zog
Langsam gehe ich auf ihn zu
Mit jedem Schritt wird mein sadistisches Lächeln breiter
Und dann stehe ich direkt vor ihm
Wie schön ein Wesen der Dunkelheit doch sein kann
Ich hebe die Hand, nahezu sanft
Ganz langsam, meinen Triumph auskostend*

*Berühre seine vollkommene Haut
Sein Kinn anhebend zerkratze ich sein Antlitz
Bin überwältigt von dem Gefühl, ihn seiner
stillen Perfektion berauben zu können
auf die ich so neidisch bin
Ich würde töten, um seine Schönheit zu erlangen
Und genau das habe ich auch vor*

*Sein Gesicht ist mir nun zugewandt
Doch seine Augen sind geschlossen
Mich packt nun die Wut
Ich will, dass er mich demütig ansieht
Um Gnade fleht und um Befreiung bettelt
Mich zu seiner Königin macht
Ich will seine Anerkennung
Dinge, die ich nie bekommen habe
Ich erhebe meine Stimme
Befehle, er solle mich, seine Göttin, ansehen
Damit ihm vergeben wird
Ich will den gefallenen Engel mit dem
gebieterischen Klang einlullen
Wie naiv man doch sein kann...*

*Und dann geschieht das,
worauf ich so lange gewartet habe
Nur habe ich nicht erwartet,
dass es so ausgehen würde
Langsam öffnet er die Augen
So als wolle er mich auf die Folter spannen
Ich halte den Atem an in kindlicher Erwartung
Und endlich ist es so weit
Seine dunklen Augen voller Schatten
und Verachtung richten sich auf mich
Sie flüstern mir geheimnisvolle Dinge
von ungeahnter Schönheit zu
Locken mich zu sich, welche süße Versuchung
Wollen, dass ich mich in die Finsternis stürze
Die zu meinem Verderben werden wird*

Er lächelt mich an
Ein kaltes Lächeln mit Bosheit getränkt
Kälter und düsterer, als ich es je könnte
Mein Körper erstarrt nun zu Eis
Mein Geist sehnt sich wieder nach Wärme
Als hätte er meine Gedanken gelesen,
erfüllt er mir meinen Wunsch
Nur hatte ich es mir ganz anders vorgestellt
In dem tiefen Schwarz seines Blickes
entzünden sich Flammen
Sie breiten sich auf mich aus
Lecken über meine Haut
Verbrennen mich, versengen den lächerlichen Stolz
Die heiße Qual bricht meinen Willen fast sofort
Ich bereue alles, was ich je getan habe
Will nur noch, dass dieser unerträgliche Schmerz aufhört
Bereit alles zu tun, was er verlangt
Und nun bin ich diejenige, die um Gnade winselt
Wie konnte ich nur denken,
einen Engel der Vergeltung besiegen zu können?

Es hört nicht auf
Bis ich zu schmelzen anfange
Ich löse mich auf, wie das Eis,
das in meinem Herzen geschmolzen ist
Entschwinde meinem lächerlichen Dasein
Das letzte was ich sehe,
ist sein wunderschönes Antlitz
Ich höre das spöttische Lachen des Dämons
Der in die Lüfte aufsteigt und meinen verkohlten Geist mit seinen kalten Flügeln
zum Todeskuss streift

Ich war nichts für ihn,

*kaum mehr als ein Spiel im höllischen Gefüge,
bloß eine weitere seiner Illusionen
Ich, gefürchtet und hochgeachtet,
war es kaum wert, dass er seine Geduld
für mich opferte
Er hat mich vernichtet,
ausgelöscht als wäre ich nie gewesen
Wie konnte ich nur jemals glauben,
es könne andersherum geschehen?*

*Ich war ein Mädchen, sanft, voller Güte
und dem Glauben an eine bessere Welt
Bis ich dieses Angebot erhielt
So verlockend, dass ich nicht nein sagen konnte
Ein einziges Wort nur, ein Kopfschütteln
hätte mich und so viele andere
vor dem Unglück bewahren können
Hätte vielen Menschen eine Chance gegeben,
glücklich zu werden*

*Ich entschied mich zwar aus freien Stücken
Doch insgeheim wusste ich,
dass ich nie die Wahl gehabt habe
Denn man kann nichts daran ändern, wer man ist
Nächstenliebe, Aufopferung
Das alles ist schnell vergessen,
wenn man mit einem Mal bekommen kann,
was man sich aus ganzem Herzen wünscht
Und wenn man erst einmal Blut geleckt hat,
wird man nicht wieder aufhören können*

*Nicht anders war es auch bei mir
Macht und Geld bedeuteten mir nichts
Es gab nur eine Sache, die ich wollte
Meine Schwäche wurde eiskalt ausgenutzt
Damals war ich jung und naiv
Aber ich habe meine Arbeit gut gemacht
Ich war besser als alle anderen,
denn ich tat es mit Herzblut
Ich wurde gelobt und stieg immer weiter auf
Für mich war es immer ein Ansporn
Doch irgendwann begann ich mich zu verändern
Ich wollte irgendwann an die Spitze*

*Konnte nicht genug bekommen
Lechzte nach mehr Blut, mehr Qual
Bis mich meine Gier bestimmte
Aus mir wurde eine Tötungsmaschine
Ich strebte nach kalter Perfektion
und vergaß dabei jegliche Leidenschaft*

*Die Jahre verstrichen nun so
Meine Muskeln wurden zu Stahl
Mein Gesicht war nicht weniger hart und kalt
Keine Lachfältchen,
kein Leuchten in den Augen mehr*
Nur die steife Maske

Dahinter ein Schatten meiner Selbst
Es ist schon schlimm genug,
wenn jemand Gefallen am Tod findet
Aber bei mir verging selbst dieser Spaß
Ich tötete einfach stumpfsinnig,
auch wenn es absolut sinnlos war
Meine Opfer waren mir ganz egal,
ich suchte sie nach Zufall aus
Der einstige Kick lange verflogen
Nichts bereitete mir mehr Freude
Keine Emotionen schlichen sich
hinter meinen stählernen Schild
Hinter ihm war nichts als trostlose Leere

Irgendwann konnte ich nicht mehr so weitermachen
Mein Streben nach Perfektion wandelte sich in die
Begierde danach, etwas zu fühlen
Es gibt nichts Schlimmeres, wenn einem das Herz
so kalt wird, dass es einem die Brust vereist
Ich wollte fühlen, auch wenn es wenigstens
Schmerz oder Angst war - irgendeine Emotion
Doch es blieb mir versagt
Ich gab alles auf, ein Opfer an mich selbst, so
als hoffte ich wieder die Alte werden zu können
Doch Veränderungen geschehen, man kann sie nicht
immer einfach rückgängig machen

Ich zog also in den Kampf
Wieder ein unfairer Kampf
Ich gegen mich selber
Kälte gegen Feuer
Auf der Suche nach der verlorenen Leidenschaft
und den vermissten Gefühlen
Aber diesen Kampf konnte ich nie zu Ende führen
Egal, was ich versuchte,
Rettung war nicht in Sicht
Nicht für mich,
ich hätte es ohnehin nicht verdient

Und so plagte ich mich selber mehr,
als die Menschen, die durch meine blutrünstigen Hände starben
Alles was ich probierte,
machte es nur noch schlimmer

Wie war ich da nur hineingeraten?
Alles hatte so harmlos begonnen und der Sog nach trügerischer Befriedigung hat mich immer tiefer gezogen in diesen Abgrund...
Nun am Rande meines tauben Geistes angekommen, zerschunden und leer
Bekam ich ein neues Angebot
Langsam hatte ich das Gefühl,
der Teufel persönlich schickte mir diese Angebote
Dennoch hatte ich die Hoffnung,
irgendwie aus dem Dilemma entfliehen zu können
Doch wie schon zuvor verschlimmerte es meine Situation nur noch

Mir wurde eine kleine Kiste gegeben
Harmlos und unscheinbar auf den ersten Blick
Doch sie schien von innen heraus zu strahlen
Ein zartes, warmes Leuchten wie ein Glühwürmchen in einer milden Sommernacht
Ich wusste genau, in dieser Kiste war alles,
was ich mir erhofft hatte und noch mehr
Liebe, Leidenschaft, Freude und Glück
Ich hätte mein Herz gegeben für sie
Nur hatte ich vergessen, dass man ein Herz brauchte, um fühlen zu können
Und ich mir mit Gier bereits einmal
die Pfoten verbrannt habe

Das Einzige, was ich tun musste,

war die Kiste der Versuchung zu öffnen und einen
kleinen Teil der Gefühle wieder abzugeben
Mir war nicht bewusst, dass man mit Listen,
aber nicht mit Gefühlen handeln kann
Also willigte ich ein, bereit alles zu tun
nur um von dieser verbotenen Frucht zu kosten
Aber Gefühle abzugeben, und sei der Teil auch
noch so klein, wollte ich nicht
Die Gier hatte mich schon vor langer Zeit
befallen und fraß sich nun durch meine Seele wie
die schwarze Seuche
Ich wollte alles für mich und diejenigen
verspotten, die nichts abbekamen
Meine zitternden Finger näherten sich ihr
Wie lächerlich es aussah, wenn Betonklötze
wegen Kleinigkeiten weich wurden
So bald schon würde mein Leiden ein Ende haben

Ich berührte sie und augenblicklich schoss Wärme
durch meinen Körper - herrlich!
Doch es war noch immer nicht genug, um das Eis
um meine Seele herum zu schmelzen
Ich wollte mehr und öffnete die Kiste weit
Hitze floss nun durch meine Adern,
so heiß, dass es mich aufstöhnen ließ
Ein Geräusch, das schon lange nicht mehr über
meine Lippen gekommen war
Ihm würden noch andere Töne folgen, die ich aus
dem Mund einer anderen zu hören, erfreut gewesen
wäre
Das Feuer legte sich um mein verdorbenes,
schwarzes Herz
Doch es war nicht mehr zu retten und verkohlte in
der Glut
Qual und unerträglicher Schmerz
breiteten sich in mir aus
Ich schrie, spie mein elendes Leben aus

Mein letzter Gedanke galt der Verwunderung darüber, wie schmerzhaft der Tod doch ist
Vielleicht hätte mir noch vergeben werden können, wenn ich Reue darüber empfunden hätte, dass ich ihn anderen gebracht habe
Doch dieses Gefühl, wie auch die heilende Liebe und das Glück, sind der Person,
die ich noch vor einiger Zeit war, fremd geworden

Wir sind alle nur Figuren in dem Spiel der trügerischen Schönheit
Ihre Versuchung kann uns zerstören
Wir sollten also immer gut darauf achtgeben, was wir begehren
Die Menschen streben stets der Macht, dem Ruhm entgegen, wie die Motten dem Licht
Und verbrennen sich ebenso an dem trügerischen Licht und seiner Schönheit

Ich war aufgewachsen mit ihm
Kannte nichts Anderes als ihn
Er war mein ständiger Begleiter, auf den ich gerne so verzichtet hätte
Er fraß sich durch meinen Körper, wie auch durch meine Gedanken
Was hätte ich nur gegeben für nur eine Sekunde ohne ihn!
Der Schmerz raubte mir den Atem, meine schönen Träume und alles was mir lieb war
Aber mir meinen Stolz nehmen und mich brechen, konnte er dennoch nicht

Das würde etwas ganz Anderes so bald tun

Er zerfurchte meine Stirn schon mit jungen Jahren
Aber er machte mich auch stärker als die anderen,
die schon lange aufgegeben hätten
Der Schmerz trieb mir die harte Kälte eines
zerschundenen Kriegers in die Augen und den
Gedanken an Rache in meinen vom Geruch
meines eigenen Blutes vernebelten Kopf

Ich würde ihnen niemals den Gefallen tun, mich
flehend und weinend zu sehen
Ich wusste nicht, dass sie etwas ganz Anderes
mit mir vorhatten
Denn es gab eine Sache, meine scheinbar einzige
Schwäche, mit der sie mich zu allem hätten
zwingen können
Ich konnte es aushalten gedemütigt,
halb totgeschlagen zu werden und bei ihren
Psychospielchen mitzumachen
Aber ich konnte nicht zulassen, dass sie mit
ihnen das taten, was sie mit mir getan haben
Einst habe ich mich für sie geopfert;
es kann doch nicht umsonst gewesen sein!
Das war mein Gedanke, als sie zu mir kamen

Sie gaben mir nun die Möglichkeit,
den Schmerz ein für alle Mal enden zu lassen
Wie hätte ich das bloß ausschlagen können?
Geblendet von der Versuchung, so kurz vor der
Erfüllung meines herzlichsten Wunsches
Willige ich ohne zu zögern ein
Gab nach ohne nachzudenken
Verhängnisvoller Fehler - vielleicht der bisher
rücksichtsloseste meiner Existenz
Ich besiegelte damit das Schicksal der Menschen,
die ich am meisten hätte lieben

und beschützen sollen
Die einzige Bedingung: Aufgeben, was mir am meisten bedeutete
Was hatte ich schon groß zu verlieren?
Welch bittrer' Fehler
Konnte nicht mehr klar denken, die Seele in vielversprechende Illusion gehüllt
Der Verstand bloß ein trüber Nebel,
atemlose Not, Versprechen ohne Hintergrund
Die einzige Erleichterung in Sicht seit Jahren - das Überleben wichtiger als der Erhalt von Moral
Ich krallte mich daran fest - **riss dabei mein Herz - meine Liebe, meine Leute - ins Verderben**
Dabei hätte ich doch alles für sie gegeben!
Und nun habe ich sie einfach so aufgegeben
Habe ich mich einst selbst geopfert,
nur um sie nun unverzeihlich zu hintergehen?
Ich brachte wohl schon immer Schmerz überall hin, zu Menschen, die ihn nie verdient hatten
Das Herz hätte ich mir für sie herausgerissen, nun habe ich meine Seele verloren an die Schuld, habe Menschen, die mir vertrauten verloren
Als ich meinen Schmerz erlöste, habe ich Verzweiflung wie ich sie nie kannte, erhalten

Sie haben sie hinfort genommen -
Dabei hätten sie meine Seele in die nie endende Hölle bringen können!
Dies Mal hätte ich nicht gezögert und alles gegeben für SIE

© 2013 Skye Silva

Zwiegespalten

*Meine Seele, mein Herz zerbrach
damals in zwei Stücke
Nun bin ich ein Mischwesen, Hybridenherz
Halb Mensch, halb Tier
Halb Verderben, halb Erlösung
Ein Monster und ein Engel -
Was könnte sie je verbinden?
Getrennt durch eine tiefe, schwarze Kluft
Eine offene Wunde, die auf ewig bluten wird
Verbunden durch den Schmerz*

*Der Teil, der mich bestimmt,
ist nicht menschlich
Doch wie soll ich so in der Welt der Menschen
(über)leben?
Wie soll ich an dem Ort, nach dem ich mich
sehne, mit offenen Armen empfangen werden?
Ich werde gezwungen, meine Schwestern zu essen
Dabei würde ich viel lieber meine Brüder töten
Aber nicht ihre Gesetze verbieten es mir
Nein, ich kann einfach nicht einen Teil von mir
auslöschen, so gerne ich es auch täte
Deshalb bilde ich mir eine Stimme in meinem Kopf
ein, die flüstert, dass ich sonst nicht besser
wäre als sie
Man kann sich nicht für zwei Seiten entscheiden,
denn so würde man sich nur selbst verraten
Niemand ist wirklich neutral*

*Also wählte ich das Tier in mir
Ich begann die Menschlichkeit zu hassen
Wollte sie loswerden, da sie so widersprüchlich
zu meinem wahren Ich schien
Was wusste ich schon von mir
Aber natürlich wird die menschliche Seite immer
mehr sein, als eine lästige Hülle,
die man einfach abwerfen kann*

*Die Bosheit in mir wuchs,
je mehr ich sie zurückdrängte
Ein Teil von mir hieß sie willkommen,
wollte sie gar ausleben
Doch der andere Teil kämpfte gegen sie an
Und ich schämte mich dafür,
dass ich sie nicht besiegen konnte*

*Die Leidenschaft und Wut in meinem Herzen lecken
an meinem kühlen Verstand
Wollen das Eis schmelzen und die Instinkte
übernehmen lassen
Doch ich werde immer zwischen den Fronten stehen
Niemals wird eine Seite stark genug sein, um die
andere auszulöschen und den Kampf zu beenden*

*Mensch und Tier umkreisen sich
Der Mensch hinterlistig, bereit alle ihm zur
Verfügung stehenden Waffen einzusetzen
Denn er kann es nicht dulden,
mit den Tieren gleichgesetzt zu werden
Das Tier ehrlich, aber mit der rohen Gewalt
seiner Krallen und Zähne, animalischen Natur
Es will sich nicht die Freiheit nehmen lassen
von einem Geschöpf, das vergessen hat,
was Freiheit überhaupt bedeutet*

Der Mensch unterschätzt seinen Gegner aus Eitelkeit
Dennoch wird sein Herz zugedrückt vor Furcht
Das Tier kennt keine Eitelkeit und keine Angst, auch Wut und Hass sind ihm fremd
Nur purer Selbsterhaltungstrieb zwingt es, sich der tödlichen Gefahr zu stellen

Die Angriffe und Gefühle beider Rassen, die nicht unterschiedlicher sein könnten, vermischen sich zu einem feurigen Tornado
Und im Auge dieses Sturms liegt mein Herz
Der Kampf wütet in meinem Innern
Hinterlässt deutliche Spuren
Blutet mich aus, bis in meiner Seele nur noch aus Dunkelheit besteht
Endlos, stürmisch schlagen sich die Krallen in mein Fleisch
Die Wut vermischt mit dem Wunsch zu siegen, gräbt sich in meine Seele
In meinen Augen liegen der Schmerz und die Entrüstung des Menschen, des Tieres und mein Eigener

Wenn ich versuche mit meiner Menschlichkeit ins Reine zu kommen,
Fährt das Tier seine Krallen aus und hinterlässt blutige Striemen der Unnachgiebigkeit
Wenn ich mein Tier übernehmen lasse, wirft sich der Mensch mit seinem harten unerschütterlichen Willen dazwischen
Mensch und Tier sind sich wohl doch ähnlicher, als ihnen lieb wäre

Einen Mittelweg zu finden scheint noch zerreißender,
Da Mensch und Tier sich niemals respektieren und Seite an Seite stehen werden

*Und wenn ich in meiner Strenge nachlassen würde,
dann würden sie beide meine Schwäche ausnutzen,*

*Sich gegenseitig auslöschen und mich dann
mit in die Dunkelheit reißen*
Ich habe mich mir selber zum Feind gemacht
Alles rührte daher, dass ich vergessen habe,
dass ICH Mensch UND Tier bin
*Und ich mich nicht selbst zu bekämpfen brauche
Ich hätte mich nur selbst akzeptieren müssen und
einen Kompromiss zwischen beiden Seiten suchen
sollen, statt auf einander loszugehen
Wie blind ich doch war, ich wollte doch bloß das
fehlerhaft Geglaubte auslöschen
Dabei begab ich mich auf den Weg der
unverzeihlichen Fehler*

*Ich sehnte mich nach etwas, das Licht in mein
Dasein bringen könnte,
Das den Abgrund überbrücken könnte
Da ich nichts fand, so verbissen ich auch suchte,
und mein Herz sich sehnte, verzweifelte ich
Verzweifelte Wesen sind bekanntlich dazu im
Stande, Unvorstellbares zu tun
Ich war bereit einen Teil von mir zu töten
Hätte meinen menschlichen Verstand ausgelöscht
oder mir mein tierisches Herz und Wesen
ausgerissen
Wenn ich gewusst hätte, dass der andere Teil dann
kapituliert hätte,
Wenn ich mit Sicherheit sagen könnte, dass dann
überhaupt etwas von mir übrigbleiben würde
Ich war bereit das herzugeben, was (m)ein Wesen
ausmachte
Ich hätte meinen Stolz, meinen Willen gegeben und
mir die stählerne Kälte ins Herz getrieben,
nur um den unerträglichen Schmerz auszulöschen*

Ich hatte ganz vergessen oder gar nie gewusst
Dass Akzeptanz - nicht Vernichtung - Balance erzielte
Ich wäre mutlos geflohen, mich verborgen
Wenn ich noch in der Lage gewesen wäre, hinter meinen stummen Tränen einen Weg zu erkennen
Wäre bereit meine beiden Seiten in den Abgrund zu werfen,
Die Wunden, die sie mir beide reißen würden zu ertragen, damit weder Mensch noch Tier (mir) mehr wehtun könnten
Hätte so egoistisch sein können,
zwei Wesen zu opfern für ein leeres Leben,
das mir gehören sollte
Aber was bleibt denn noch übrig, wenn man den Menschen in sich tötet und auch das Tier?
Existiert denn das Ich noch ohne
diese zwei tragenden Komponenten?
Natürlich nicht, denn **Ich bin beides**
Das zu akzeptieren und frei zu sein,
wäre gar nicht so schwer gewesen
Aber ich bin taub geworden, so verbissen
Unfähig jemandem, und sei es auch mir selber, nachzugeben

Verwundet, erschöpft und wahnsinnig
Zog ich mich aus dem Kampf zurück
Mittlerweile bereit, es enden zu lassen
Nur möglichst schnell sollten die zwei Gegner mich holen kommen
Als wäre ich ganz unbeteiligt an ihrer Schlacht
Zog mich in das zerfetzte, durchlöcherte Herz in meiner Brust zurück
Selbst es schlug nur noch,
um meine Seele weiter zu demütigen

*Dort, wo Blut wie Regen auf mich niederprasselte,
nahezu tröstlich*

Wenn man schon vor sich selbst flieht,
zu schwach, um noch zu bleiben und zu kämpfen,
kann man gleich versuchen, sich zu unterwerfen
Wenn man bereit ist, sich vor sich selbst zu
ergeben, ist nichts mehr da,
wofür es sich zu leben lohnt
Die Hoffnung weit fort, hat mich längst verlassen
Nicht mal mehr der Wunsch nach dem Tod
ist noch erreichbar

Doch am Ende - ich kannte mich selbst nicht mehr
Konnte und wollte mich nicht an die Zeit meiner
inneren Einheit und an ihr Ende erinnern
Ich hatte mich zu stark auf
meine zwei Seiten fixiert
**Sodass ich das zarte Band übersehen habe,
das sich durch meine Seele windet und sie
miteinander verbindet, sodass ICH entstehe**
Blindheit hat mich mein Glück,
meine Einheit gekostet
Harmonie zwischen Mensch und Tier wäre möglich
gewesen, hätte ich den Stolz hinuntergeschluckt,
die Feindseligkeit überwunden
Liebe hätte walten müssen, nicht Hass
Dann hätten sich die Todfeinde versöhnen können
Die einst zerbrochenen Hälften sich über den
Abgrund hinweg wieder zu einem Herzen verbinden,
die zwei Seelen sich vermengen können
Und ich hätte meinen Seelenfrieden gehabt
Doch was ist nun? Alles verloren
Das Leben im Kampf verschenkt
Bedauern ist alles, was ich noch empfinden kann

© 2013 Skye Silva

Untitled

Dark feathers falling from heaven
Gently dropping onto my broken body
Trying to cover up the ugly mess I am
Not even angel's tears could purify what is left of me

Souls are not meant to be exposed
Sanity is not meant to understand
Blood is not meant to be spilled
Life is not meant to make you numb

Darkness swallows me
Makes me disappear
Almost
The pain is still there
Wrenching guilt

But no one can see
What's really me
If I could, I would avert my eyes as well
But those dark glowing eyes in the windowpane
Will always follow me when I am praying to the stars at night
The dead but all so intense stare will always haunt me in the darkness
Like the shadow of you and memories of us won't ever let me go
Until all that is left of me is a vanishing shadow…

Hearts are not meant to be broken
But to be shared
Words are not meant to harm
But to express your deepest devotion
Love is not meant to kill
But to make your soul complete

Feelings are not meant to rip your chest apart
But to make you care for others

The night is not meant to make your soul ache of loneliness
But to put your head to rest on someone's chest
Silence is not meant to feel cold
But to enable you to hear the heartbeat of another being

Look at me -
Do you see the invisible tears streaming down my face?
Look at me closely –
Are you able to recognize the dark grief that is holding me in its iron fist?
Look into my eyes –
Do you see the real me or just the mask I hate so much?

How can you overlook a person
Who is screaming and struggling internally with every breath?

Look me in the eyes truthfully –
Don't you see that I am burdened with guilt?
Don't you see the flames of hell burning in my eyes?
Don't you see my demons raging in my core
and ripping me apart,
taking away my sanity and stability?
Sometimes I feel like an animal could see right into my soul
When a human being does not seem to notice at all...
A stranger willing to perceive what I am so tired of hiding away
When a dear friend seems oblivious to my suffering...

© 2015 Skye Silva

Little Drabbles

Maybe one day you will be forgiven
Giving you your eagerly awaited release
In paradise
With your beloved
Finally

Prayer can be spoiled
And a sin does not have to be as dark and heinous as it might seem
There is a tiny bit of Ying inseparably incorporated in every Yang
And vice versa
Don't believe everything you hear
For even this little ode might be lying
Especially don't trust in your own sight
And never judge
Or your judge will sentence you to something even worse than death

Die Bilder, die ich in meinem Kopf schuf
Wurden so real, dass es manchmal schwer war zu erkennen
Ob sie der Traumwelt oder dem tatsächlich Gegebenen entsprangen
Sie hüllten mich ein und nahmen mich mit
in eine zwar düstere,
aber dennoch so viel erträglichere Welt
All dies was ich mein Leben nenne

Flammen zerren kreischend an mir
Welches Versprechen gab ich dir,
Das es rechtfertige diese Qualen?
Welche Schuld nahm ich auf mich,
Dass ich diese Strafe zu ertragen hatte?

© 2015 Skye Silva

Schatten(kinder)

Die Schatten liegen schwer auf deinem Gesicht
Zeichnen es mit ihren äschernden Tönen, die kein Leben in sich tragen
Fortzuwischen versuchst du sie mit deinen Händen
Doch jeder Teil deines Körpers wirft noch mehr Schatten
Jede Bewegung, jede Tat lässt dich immer mehr in ihnen versinken
Jeden Morgen bist du darum bemüht die Nacht, die dir anhaftet,
zu vertreiben – vergeblich
Sehnst dich so sehr nach dem Kuss der Sonne, der Wärme des Lichts
Wünscht dir sehnlichst, es würde in dein graues, verwahrlostest,
in sich selbst gefangenes Herz scheinen
Doch nur die feste Umarmung des Schattens ist dir vergönnt
Sie begleiten dich, leiten dich auf diesem einsamen Weg
Bis sich dein Schatten lang zieht und sich schließlich auflöst in der Stunde,
in der das Licht endgültig versinkt und verschwindet
Und die Schatten sich vermengen und eins werden
Du nichts weiter bist als Grau auf Grau, vermischt mit Schwarz

Vor langer Zeit begannen sie dich zu umhüllen
Schleichend schlangen sie sich um deinen Körper
Sogen das Licht aus dir heraus
Tranken deine Lebenskraft und zerfraßen was dich einst ausmachte
Bemalten deinen Körper mit ihren aschfahlen Tönen
Und füllten deine Seele aus mit der Substanz der Dunkelheit
Nahmen dir alles, gaben dir bloß Leere für all deine Bemühungen
Hüllten dich ein in ihren schützenden Kokon
Sobald sie dich vereinnahmen, konntest du verschwinden,
dich verbergen vor bohrenden Blicken
Fast hörtest du auf zu existieren
War es das, was du wolltest?
Warst nichts weiter als ein Schatten unter vielen
Verborgen unter Schicht um Schicht aus düsterem Grau

Die Maske ist beinahe lebendig, die Illusion fast perfekt
Die Schatten dienen nur sich selbst und sind nahezu
eine eigene Persönlichkeit
Dein Wesen hinter ihnen verborgen, vom Licht abgeschottet
durch den undurchdringlichen Dunst aus Dunkelheit
Kaum mehr als ein Schatten deiner Selbst
Sie haben ihren eigenen Willen, der den deinen zu überschatten droht
Schlucken jeden Widerstand, als hätte es ihn nie gegeben
Und übrig bleibt bloß dumpfe Resignation

Tanzende flüsternde Dämonen
Wie ein verfluchter Schleier
Ein Mantel aus Dunkelheit umgeben sie deinen Körper
und lassen sich nicht abstreifen
Sie folgen dir mit jedem Schritt
Wandeln neben dir, eilen dir voraus und sitzen dir im Nacken
Die Schatten ziehen sich an der Wand entlang,
wie Stimmen am Rande deines Bewusstseins
Sie folgen dir immerzu und bilden einen unsichtbaren Käfig
Kriechen auf dich zu und in dich hinein

Der Schatten – er schaut dich im Spiegel an
Er tanzt in deinen Augen
Lebt in deiner Seele
Grauer Asphalt auf dem das Abbild eines verdunkelten Geistes
entlangkriecht
Wie kann es sein, dass auf Licht immer (ein) Schatten folgt?
Du selbst im Licht ein dunkles Abbild deines Wesens wirfst
Das Licht unweigerlich deine dunkle, schattenhafte Seite
hervorbringt und dir vor Augen stellt

Ihrem Dasein hafteten die Schatten an
Sie hängten sich an all ihre Taten
Schwangen mit in ihren Bewegungen und Worten
Mit jedem Atemzug schluckte sie mehr von dem Grau

Jedes Lächeln war von einem kaum wahrnehmbaren Hauch von Grau
überzogen - nur von jemandem zu vernehmen,
der die Schatten kannte wie sie auch
Jeder flüchtige Moment des Glücks überschattet

<u>*Die Geschichte eines Schattenkindes*</u>

Du bist heimisch in den Schatten,
Ja, du bist ein Teil der Schatten
Du selbst bist nichts weiter als ein Schatten
Schattenkind, *Kind der Schatten*
Du wurdest geboren in dem Schatten von dem, was bereits war
Hoch ragten sie über dir auf
Die Schatten der Geschichte, die Vergehen der Menschheit
Du wuchst auf in ihnen, unter den dunklen Wesen
Suchtest nach einem Platz inmitten dieses Schattenmeeres,
Denn du brauchtest Licht, um wachsen zu können
Doch fürchtest du dich noch immer, aus dem Schatten zu treten in das so
grelle Licht, in die Scheinwerfer, vor die gierigen Augen von Jägern
So wurdest du zu einer unbemerkten Schattengestalt
Wandelst auf dieser Erde ohne gesehen zu werden
Du konntest deinen Schatten noch nie abstreifen
Es ist unmöglich über ihn hinwegzuspringen
Er ist Teil von dir und wolltest du dich von ihm ablösen,
Würdest du einen Teil deiner Selbst vernichten
Die Schatten fraßen einander und zerrten an dir
Es gab keinen Platz für Licht zwischen ihnen

Und sollten doch einmal seine Strahlen ihren Weg zu diesem düsteren Ort finden;
Waren die Jäger der Finsternis immer da und lauerten darauf,
sie augenblicklich zu verschlingen
Und so warst du gezwungen dich anzupassen, unauffällig zu bleiben
Zu verschmelzen mit den Schatten, dich immerzu zu verbergen
Dein wahres Ich zu verleugnen, vergiss wer du warst!
Es könne doch ohnehin nicht ausgelebt werden in einer Welt aus Schatten
Verschwandst bis du kaum noch existent warst
So wurdest du selbst zu einem Schatten
Einem Schatten dessen, was du sein könntest

Die Schatten verspotten dich
Du würdest ihnen niemals entfliehen können
Das Licht grenzte dich aus
Du warst nicht gut genug, hell genug, lebendig genug
Zu grau, zu schwach, eine kleine trübe Seele
Du könntest nur dort bei ihnen bestehen
Zweifel und Angst nährten den Schatten und ließ ihn immer weiterwachsen
Licht ist kurzlebig, Schatten dagegen ewig
Sie überlagern sich in Schichten einer undurchdringlichen Mauer
In ihnen hat das **Nichts** seinen Platz

Kaum warst du entschlossen die Schatten zu verlassen,
Über deinen Schatten zu springen und zu deinem Selbst zu werden
War wieder etwas falsch, du hättest es nicht verdient,
wärst zu schwach und würdest es auch immer bleiben
Du könntest es niemals schaffen, du warst schutzlos ausgeliefert
Ein Schatten, der vom Licht verbrannt wurde und gefressen von den
Monstern, die sich keineswegs bloß in den Schatten verbargen
Es war besser mit ihnen, du gehörtest zu den Schatten
Sie holten dich wieder ein, als hätten sie dich nie freigelassen
Streckten ihre Klauen aus und du flüchtetest wieder
in die schützende Umarmung der Schleier aus Grau

Gabst es auf, ihnen entfliehen zu wollen
Du warst ein Schattenkind und könntest nie etwas Anderes sein
Im Licht würdest du nur zu Asche verbrennen
Vielleicht muss er jedoch brennen
Dieser Schatten muss in Flammen aufgeben
Bis das Licht jede seiner finsteren Ecken erfüllt
Was zurückbliebe in der Asche, was überlebte,
War das reine Selbst und könne sodann wie ein Phönix wieder auferstehen
Vielleicht ist dies der einzige Weg, aus den Schatten zu schreiten,
den Schatten abzustreifen und eine Existenz
jenseits des trostlosen leeren Graus zu beginnen
Ein Neuanfang, ***Transformation***
Einen Weltensprung getan, über den eigenen Schatten gesprungen
Wirst du irgendwann einmal lernen in den Schatten zu tanzen?
Dich abzuheben in deinem (eigenen) Licht
Und die Schatten und ihren Schleier empfangen statt zu fürchten?
Wie eine Katze zwischen Licht und Schatten zu wandeln
Frei und alle Facetten deines Seins auskostend?
Hast du den Mut, deine dunkle Heimat zu verlassen
Und dich deiner düsteren Vergangenheit zu stellen?

Schatten frisst Schatten
Je dunkler, desto mächtiger
Schwarz regiert über Grau
Denn Schwarz ist die Finsternis
Und Grau ist das Nichts

Noch ist etwas Licht, etwas Leben existent
Noch lebe ich – für wie lange noch?
Doch 95% von mir sind tot, verloren
Die Schatten haben sie mir genommen
5% sind noch übrig von mir
Noch geht es mir soweit gut, ich lebe

Wer weiß wie lange ich das noch durchhalten kann ...

When the night grows darker
The shadows seem bigger and deeper
Threatening to swallow you
You might get lost in them forever
If you don't watch your step carefully
Is your shadow still just a mask?
And where does deception start?

A creature lingering in the shadow
- who and what could it be?
A body painted in grey shadows
- could you have known it?
A silhouette dancing in the dark and in those shadows
- is this just the memory of what once was?
A face covered in shade
- could you become friends with it?
A mind overcast with a million shades of grey
- how comes it looks so familiar? Don't you recognize...?
A soul drowning in shadows
- when will you notice, that this shadow was **you** *all along?*
And thoughts (of the future) all tinted in dark tones
Doubts were always your only certainty

Oh, I'm here (hiding) in the shadows
Not knowing where and why
And I can't seem to understand
What cast the shadow and
Why it won't let me go (into the light)
There is no me, there is just the shadow

The shadow of what I used to be
But never could rise I from these ashes of the past
My mind like a dull grey meadow
Or the shadow of what I always wanted to be, pretended to be?
But never was I the one who wins
Never the one to rest assured, to convince

I am two people
Me and the shadow
I have two faces
Me and the shadow side,
a copy of my being overlaid in grey
One is smiling happily and with ease
- never aware of the dark clouds lingering (right above)
And one always internally screaming and crying
For it will never be set free by the darkness within
One part of me is hopelessly lost
When the other closes its eyes to the truth about us
I am both me and the shadow of myself
Are you too blind(ed) or too ignorant to see the second me?

She's been ill all her life long
Sick and tired – a portrait of doubt
As though something drained her
Like she couldn't reach the source of her energy
Yet she could not quite make it out,
Get to the bottom of her problem, of who she truly was
She felt odd, strange and weak, always misplaced and out of balance
Cut off from herself – the well of origin - all the time
Oblivious to why no one seemed to notice her and the despair following her

And all because she couldn't accept who she really was
She refused to step into the light – cutting herself off

of the possibility to ever blossom
A false identity she regarded herself to be
She couldn't have known and lived (out) her true self
Forever subconsciously rejecting who she was - but why?
And so she lived like a shadow (of what she could be)
Until these shadows turned into a mere ghostly shape
But did that really make a difference after all?

Wir hinterlassen Spuren im Sand
Denn wir können nicht schweben
Weder frei sein noch uns auflösen
Jede Welle giert danach, unsere Spuren hinfort zu spülen
Die Sonne knallt hart von oben herab
Und zeigt dir dein wahres Wesen in Sand
Der Schatten blickt unaufhörlich zu dir herauf

Jedes Sandkorn trägt ein Stück der Ewigkeit in sich
Eine nicht enden wollende Geschichte (zeichnet sich dort ab)
Jeder Stein funkelt in einem anderen Ton
Doch einige sind bereits verblasst
Wie eine Sternschnuppe am Himmel
Bis von ihrer glorreichen Existenz nichts als Asche übrig bleib
Wirst du auch einmal so enden?

Wir können danach streben,
Aus uns selbst das Beste und Gütigste zu machen
Oder uns den Dämonen (in uns) hingeben
Und **dem self-centered?** Weg folgen
Welchen Pfad wirst du beschreiten?
Land der Schatten oder blendendes Licht
Ist die Versuchung auch nicht zu stark,
dass du wieder umkehren wirst?

© 2016 Skye Silva

Transformation
(originally posted on Tumblr for the dovesweet project)

In the beginning – seeing her, chasing after her
The first time you saw her, it wasn't but a glance
Two silhouettes at night
A glimpse into a yet **unknown world**
The next time she ran by, it wasn't but a dance
A shimmery shadow of dawn
Pirouettes against the dark

Where did she come from? – Where have you been hiding?
What **depths of the universe untraveled**
What could contain the **space of such a soul in her eyes**?
The more you try, the less you see her with your eyes
You agonize over **the void she left inside you**
And dug **this dream, if you could only fly this spark**
Up and on and to **the other side**

Never have you seen features just like those
Like **the first time seeing the sun**
Hooked by an instant
You could and would not evert your eyes no more
You started chasing **the imprint she has left in your soul**
Shoot for the sun to reach the stars – touching only darkness
Two silhouettes against the light
Yet never quite reaching the fantasy personage of your dreams
Still always staying right out of her reach – just a mere breath away
But seemingly **as impossible as reaching the horizon**
Like trying to **overcome the distance to the moon**
Can someone be too deep to know?
Where does one truly show?
One glimpse into her eyes was enough to **dream of the impossible**
- and you saw what the future holds in place for you!

Existing without her became unbearable, a mere vegetating state,
impossible for **striving souls like yours**

All the possibilities - what you could become
Will you take the chance? - Are you daring enough, a blazon soul?
Aren't you afraid of the unknown?
But behold (the prophecy) – she is **fire to the ice** around your heart
Never come close if you're **afraid of melting away**
into the unrecognizable distance
She's going to **make your soul burn** and strip you down to the core
You're calling for one who's called by them all
You're chasing the one who chases it all

How many years would it take you to **recognize her being**?
How many times gazing into those eyes until you'll **recognize the reflection**?

The longing – attraction
Approaching – **the convergence**
Her presence weakening
Yet – oh so present on your lips
A sense of belonging awakening
Feeling the soft touch of **her ghost's hand** – driving you insane
Slowly drifting, crawling towards the **abyss**
Filled with deep secrets to the brim
Shoot a piercing glance down, will it **enlighten or – devastate** you?

Triggering the **longing**
Tearing apart the strings of your already weakened heart
Once a tiger – strong, proud and sure of himself
Who are you now after seeing her?
A phoenix stuck in its delightful flight
Wings on the verge of breaking
Don't let this dream turn into a senseless plight

The border, transitions weakening
A mere **blank searching** for its purpose
Blank – colors dissolving, history disappearing,
memories vanishing into thin air
Searching for **roots long lost**
What is left isn't but **a mere two-dimensional sheet of paper**

Stripped of a soul, a **photo lost all opacity**
Deprived of life and slowly losing it all, falling into pieces...

The past – the meaning of it all
What purpose could you possibly have
If not searching for her?
Your whole being striving for obtaining her and never letting go again
Your whole existence based on finding the **meaning of light** – grounded in
the belief that you will **find her someday** – you might...

Flashbacks
The sky never seemed so far away and clouds so heavy on a **tormented soul**
Grief for **something never possessed**
Agonizing over all the **dreams lost** on the tiresome road,
forgotten lives and possibilities let go off
Is all that we try, all that we reach for, really in vain?
Will there always be this **distance to the sky?**
Hearts yearning for **lands beyond the horizon**
Or will we never be able to grow those **wings**
we always wished and hoped for?

But the spirit is **unbroken**
The spark she brought with her lit your **smoldering embers** once again
Half (you) **imprisoned**, half (her) running **wild**
What does it take to **break free?** –
Recognizing yourself or losing the sense of belonging?

The Unison(o) – Reunion
*Finally, **the moment you have been waiting for** –*
*the **yearning already ripping the core of your being** apart*
The time was just right to unite, to become one with her
*Reunion with **your other half, lost lifetimes ago***
*- Approaching the **dreamlike shape***
Reaching for her luminescent hand - and grasping
***through the light into reality** –*
*finding to **touch the mirror**!*
Self-made illusions falling away
Yearning breaks off**, **the deceptions vanishing
*Finally you **see through the veil**, through the mist*
that has been obscuring the mirror –
*the **mirror to the depths of your soul**!*

*Now you understand, that **sometimes it is easier to search for a total stranger in the whole world, than to find you own (true) self***
***Dream castles** turned to **dust** in the blink of an eye*
*You're wondering…**Devastation** it is, then*
Who can rebuild you now, if not you?
*Hoping for others always ends up being **an illusion**, it seems*
*How could someone like her be **hidden within you**?*

The change (of you) – who are you now after recognizing the true self?
What do you see in yourself and the world?

Flashbacks
The first time you saw through her, grasping for
the lively shimmer in those eyes
*It was like **stepping out of the shadows after dark eternities** (past)*
*As if **seeing the moon without it being darkened** by clouds*
*First time **opening your eyes to light** - and oh all those colors! –*
*to truly see, search with your **heart** and find the way with your **soul**,*
not the physical world

Before – *all you could perceive were* **shadows casting doubt**
Tinted in heavy, **all-consuming grey**
Now you can see **the light behind those eyes**
The souls **trapped in worlds only visible to them**
Make the world **believe again**!
To turn **ghosts of the past** *into* **dreams of a brighter lighter future**

Standing before the mirror and looking into **the eyes of a stranger**
And now – they're **eerily familiar** *– like looking at* **your spirit animal**
You see her now- **the true one**, *not obscured by* **the veil**
the world wanted to wrap her in
She was like the sun *– looking at her could cause* **blindness**
– blindness to all the **lies, all the pretense, the irrelevant**
cast by **fear of facing it all**
You were never one to avert your eyes – now **make the people look!**
And let **their hearts be opened** *to truth and their* **minds be changed**
to the new frequency

Me and her
She is my **shadow – the other me**, *a better version*
The silhouettes at night – rising from the shadows, *illuminating the streets*
Painting delicate patterns **as unique as our souls**
The soul of you and me – hers and yours – It's simply **us** *now*

You were **never hidden,** *only* **dormant**
Lurking cat, **tiger heart**
The one hidden inside ... breaks free!

I remember now, how could I never have SEEN?
There has always been this something - **someone inside of me**
Just **never seemed possible to find a way into this world**
Because it was **never from here** *–*

it was meant to **return to its origin** – **the future of light**!
Now breaking free – it has to hurt
because **all the walls are finally coming down now**
All pretense is melting away – to **reveal the ultimate truth**

The higher self awakens, ascends – **transcends**
When this **burning deep inside turned into flames**
The world got enraged, blazes flying
Yet it was all still the same
Who is the one to change, that finally changed?
How could you not have seen **the spark underlying it all?**

Something awakening, arising from the abyss
it was put in by this cruel world
But it **can never be put under**
The spark inside is meant to rise from the ashes
You are meant to rise above and shine, **bring upon the new sun**
Bringer of light! – now you understand **what her name meant** –
What is there in a name? **What hides behind light or shadows?**
Now you see **your calling**, the **longing for this new world finally fulfilling**
The **prophecy** is brought upon by us – the **legends of tomorrow!**

Welcome the new world!
When you wake up to the **dreams coming true**
You will know that **your heart was meant to burn to brighten up this world**
Let it burn until all **darkness goes up in flames**
Let it burn until all **hearts are purged**
Let your soul graze **infinity** – **flying higher than the sky**
Waking up to all the possibility

The sweet change – **long overdue, more drastic now than ever**
Let's fight for what our hearts know to be true and change it all!

Change – what sweeter sound could there be?
*The **boiling blood**, **the shivers** down the spine it evokes*
***Surging growls** – **Rising voices**, hushed murmuring all around and inside*
*Becomes the **heartbeat of us visionaries** – **wheels of becoming***
Revolution** lingers in the air, the harsh **strike of disillusioning
*The **tiger takes its leap** – into blooming forest right beneath the concrete*
*How strong is your **devastation**, how bad your **determination**?*
*Are you brave enough, your mind **strong enough** to take your **leap of faith**?*
Not knowing what will await you
*Yet **desperately grasping for it**, for the change*
NOW!

Transformation – the coronation
How far have we come now from the beginning?
*But behold child – This is **only the beginning of it all** …*
*How many **dreams will come (true)**, how many **lives be changed**?*
*What will **become of this world** when **our work here is done**?*
Our duty to fulfill** ~ The **Prophecy of the Dreamers
The beginning yet to come!

© *2016 Skye Silva*
Skye Silva from tumblr.com/blog/pantherasoul (now tumblr.com/blog/skye-silva)
with help from Jovana Krispin

Auf den Dächern dieser Welt
Wie ein Engel und ein Dämon sich in den Augen
des Anderen verloren

POV DEMON

Mit meinem üblichen finsteren Blick kämpfe ich mich durch die gewaltige graue und stumpfe Masse von torkelnden Körpern. Dumpf kriechen sie alle in eine Richtung, doch eigentlich weiß keiner von ihnen, wohin genau die Reise geht. Mit einem Six-Pack Bier nach Hause vor den Fernseher? Faszinierende Art seinen Abend – sein Leben – zu verbringen.
Ich will nur raus, raus aus diesem Getümmel, am besten raus aus dieser verdammten Stadt, an einen Ort, wo ich die sanfte Dunkelheit der Nacht genießen kann.
Verbissen stampfe ich in die entgegengesetzte Richtung, weg von dem viel zu grellen Licht, weg von den verzerrten Fratzen dieser Menschen. Mit unwirklicher Geschicklichkeit weiche ich den lebenden Leichen aus.
Aber kennst du dein Ziel denn selbst, 'Tochter des Möglichen'?
Ihre kalten Augen und grauen Gesichter widern mich an.
Was jedoch steht in meinen Augen? Das lodernde Feuer einer Berserkerin oder der kalte Kuss des Todes?
Ich habe geschworen, nie wieder die Kontrolle zu verlieren, meine Geheimnisse mit in mein Grab zu nehmen und nie durchscheinen zu lassen, wer ich wirklich bin.
Doch wieviel verraten meine Augen (tatsächlich) über mich? Mein Schritt beschleunigt sich, der Fluchtinstinkt, das Gefühl verfolgt und geächtet zu werden, setzt wieder ein.

Mein Blick huscht in die leeren Seitengassen, wobei mein Atem weiße Wölkchen in der kühlen Luft der Nacht bildet.
Mich fröstelt, doch die Kälte kommt nicht von außen. Ich kann spüren, wie die Dunkelheit ihre Klauen, hässlich, zerfleischend und triefend von grauem Blut, nach mir ausstreckt. Es jagt mir Schauer über den Rücken, wie vertraut der verdorbene Kuss der Finsternis sich auf meiner Haut anfühlt.
Die Melodie von scharfen Krallen, die irgendwo über den Boden schleifen und an der Häuserwand um die Ecke kreischend langfahren schallt zu laut in dem inneren meines Kopfes wider. Sie verbindet sich mit meinem dumpfen Herzschlag und dem ach so dunklen Flüstern und Zischen im meinem unreinen Blut zu einer Symphonie aus Angst, Sünde und Verlockung.
Und da ist noch so viel mehr, so viel Köstliches und Erschreckendes, was ich gekannt habe und nach dem es mir noch immer dürstet, ganz gleich, wie sehr ich es verabscheue...

Ich spüre, wie die Schatten sich hinter mir aufbauschen wie ein Mantel, Gestalt annehmen und sich um meine Schultern legen wollen. Mein Herz schreit: **Flieh!**
Während ein Stoß der süßen Droge durch meine Adern jagt und sich die verhärteten Muskeln versteifen, suchen meine Augen nach einem Weg hinaus, so wie sie es immer instinktiv tun, jedoch scheine ich den richtigen Weg noch immer nicht gefunden zu haben. Etwas flüstert in mir: **„Ab über die Dächer und weit hinfort! Blick nie wieder zurück!"**
– Darf ich dem Drängen nachgeben?

Mein Blick schwenkt nach oben zu der dunklen Silhouette eines Gebäudes zu meiner linken. Gerade so noch erhasche ich einen Blick auf einen dunklen Schatten mit zwei Flammen in seinem Herzen, der schon im nächsten Augenblick verschwunden ist, so als hätte er niemals wirklich existiert. Doch diese Augen werden mich noch lange verfolgen.
Ein Windzug fährt über mich hinweg und schneidet mir regelrecht durch die Kleidung, wobei ein seltsames Gefühl sich direkt zwischen meinen Schulterblättern ausbreitet und Schauder durch meinen gesamten Körper jagt.
Etwas Uraltes regt sich da träge in mir, breitet seine schwarzen Schwingen aus und hüllt mich ganz ein. Dunkle Schatten tanzen durch meine Augen und vor meinem inneren Auge flackert etwas auf, verschleiert und vergessen seit einer Ewigkeit, wie es scheint.

Ebenso wie ich nicht genau den Finger darauflegen kann, was sich in den Schatten verbirgt; ich aber deutlich spüre, dass sich dort eine schier unbegreifliche kosmische Macht versteckt hält, nehme ich war, dass da etwas in mir ist. Vergraben unter verstaubten Erinnerungen der Belanglosigkeit und versiegelt mit Schuld und Schmerz, wartet es nur darauf befreit zu werden. Es zu leugnen wäre sinnlos, aber ich kann es nicht genau erfassen. Viel zu gewaltig scheint es für meinen lächerlichen kleinen Menschengeist zu sein und ihn bei weitem zu übersteigen. **Wer bin ich wirklich?** Ein Mädchen, das **unbemerkt von anderen auf einer Suche ohne Ziel durch diese Welt wandert**, ist mit einem Mal nicht mehr annähernd genug als Antwort. **Da ist so viel mehr.** Wörter, die älter sind als die menschliche Existenz selbst, huschen durch meinen Kopf, unverstanden und doch

begeistert von ihnen, ist es nahezu zu einfach, sie zu verstehen. Fetzen von Erinnerungen, die den Eindruck erwecken, als stammten sie aus einem Leben vor langer Zeit, bemühen sich darum, aus der Vergessenheit emporzusteigen.
Mit neugieriger Erwartung und einem Frösteln, so als wolle ich was kommen möge, nicht wirklich sehen, weil ein unbewusster Teil noch instinktiv weiß, wieso ich die Erinnerung vor einer Ewigkeit für immer verbannt haben wollte. Für einen ganz kurzen Augenblick kommt es mir so vor, **als würde die Welt kippen, die Zeit zerreißen und die Grenzen sich ausdehnen, bis sie verwischen.** All das rast in Sekundenschnelle durch mich hindurch, viel zu schnell, als dass ich es tatsächlich hätte erfassen können.
Im nächsten Augenblick schon schnappt die Realität wieder zu, ein Schauer zieht über meinen Körper hinweg und meine Pupillen, die sich geweitet hatten, wie beim Erhalten einer überwältigenden Nachricht, schrumpfen wieder auf eine normale Größe zurück.
„Was zur Hölle war das eben gewesen?", frage ich mich kopfschüttelnd, so als versuche ich die letzten Reste dieses unwirklichen Zustanden abzuschütteln und meinen Verstand zu erklären. Hölle kam dem tatsächlich näher als ich es mir gewünscht hätte...

Ich habe diese Existenz so satt, bin der Schatten in meiner Seele überdrüssig geworden. So entsetzlich müde davon, immer bloß dasselbe vor mir zu sehen, wenn meine Seele doch so weit fort ist. Das Sehen scheint wohl nie enden zu wollen für mich ...

POV Angel

Er stand hoch oben auf dem Dach eines unbedeutenden Gebäudes und betrachtete diese Stadt und ihre Geschöpfe. Diese Ironie nur. Unter ihnen würde er sich verlieren und dennoch nicht zu ihnen gehören, niemals Akzeptanz von dieser engstirnigen Rasse erwarten dürfen. Das war der Grund, wieso er hier oben stand, verborgen von der Dunkelheit und stumm und unbemerkt über die Menschen wachte. Hier oben stand er ganz allein, so wie es ihm bestimmt war. Eine dunkle Silhouette, die vielleicht gar nicht mehr da ist, wenn man ein zweites Mal hinschaut oder gar nie existiert hat, unbemerkt von den Ameisen unter ihr. Wer macht sich schon die Mühe nach oben zu schauen, wenn um einen genug Probleme lauern? Wen kümmert es schon in die Schatten zu blicken, wenn sowieso alles grau erscheint? Wer würde schon zum Himmel schauen, nur um die Sterne funkeln zu sehen, wenn er nur ein Licht anzuschalten braucht, welches doch so viel heller leuchtet und sein ausdrucksloses Gesicht erhellt?

Das letzte Licht des Tages wird geschluckt von der Nacht. Wie oft schon hatte er dieses Spektakel gesehen an den unterschiedlichsten Orten dieser Welt und doch hatte er jedes Mal das selbe Ziehen in seiner Brust verspürt und den verzweifelten Schrei eines gefangenen Geschöpfes zurückhalten müssen. Auch jetzt bahnte sich dieses unruhige Zerren in ihm an, welches er eigentlich nicht hätte verspüren dürfen. **Perfektion sollte sich nicht sehnen können.** Wie weit er nur entfernt war von diesem Zustand der Vollkommenheit. Wenn man ihn gefragt hätte, ob er diese kalte Leere überhaupt als Perfektion bezeichnen würde, er hätte ohne zu Zögern verneint. **Wozu schlug ein Herz in seiner Brust, wenn es nicht fühlen durfte?** Wozu hatte er die Fähigkeit Gutes und Schlechtes auseinander zu halten, **wenn er sich nicht nach mehr sehnen durfte?**

„Oh süße Nacht, ich heiße dich willkommen, die meine Makel verbirgt und mich eins werden lässt mit der Umgebung", haucht er in die hereinbrechende Dunkelheit, die jeden Ton schluckt.

Mit jedem Herzschlag pocht eine dunkle Begierde ohne Namen durch sein Blut und erinnert ihn daran, wieso er nicht die reinweißen Federn seiner Brüder trägt, sondern ebenholzschwarze Flügel schwer über seinen Rücken fallen.

Die Versuchung mutete an ihm vertrauter zu sein, als sie es sein dürfte. Ein Seufzer, fast ein Säuseln des Windes nur, trat ihm über die Lippen. Sanft spielte ein Luftzug mit seinem rabenschwarzen Haar, ließ es tanzen bevor es direkt vor seinen müden Augen zu liegen kam und ihm so die Sicht auf die Stadt unter ihm, die sich nicht zur Ruhe begebende wollte, verwehrte.

Tief einatmend warf er seinen Kopf zurück in einer Art, die einem Krieger des Himmels nicht hätte zu eigen sein dürfen. Fast schon gierig saugte er die kühle Luft ein und fühlte wie sie durch seinen Körper strich und ihn belebte. **Versuchte Leben in sich auf zu saugen, um die starre Kälte in ihm zu erfüllen, das sich sehnende Herz zu wärmen.**

Der Mond schien sanft hinab auf die dunkle Gestalt auf der nächtlichen Kulisse, der Bühne dieser Welt. Ein stummer Beobachter nur war

er, ohne dass er urteilte, ohne dass er missbilligend oder hasserfüllt auf den Engel hinabstarrte, aber auch ohne ihm einen Rat, den er wohl benötigte, zu geben oder ihn eines Besseren zu belehren.
Mit jedem Atemzug den er tat, sog er die kühle Luft ein. Ihre Frische brannte herrlich in seinen Lungen, so als wäre er ein Ertrinkender der zum ersten Mal wieder Luft holen konnte und so fühlte er sich in der Tat. Bloß fiel ihm das Atmen noch immer ausgesprochen schwer. Nicht fremd war ihm das Gefühl, abgeschnitten zu sein von der Quelle von **etwas, das er dringend benötigte, ihm jedoch verwehrt blieb** und er stattdessen nur umgeben war von einem Meer aus Finsternis, in dem er langsam versank, ohne dass eine rettende Küste in Sicht war.

Und gerade als er so gedankenverloren seinen suchenden und sich sehnenden Blick nach seiner Küste, nach seiner Rettung, über die Welt schweifen ließ, musste ihn irgendeine höhere Macht, der er eigentlich zu dienen hatte und nun diente sie ihm, veranlasst haben, hinabzusehen in eine unbestimmte Gasse unter ihm.

Der Moment in dem er sie sah, ließ etwas in ihm aufbegehren. Dieses Mädchen dort war mit nichts zu vergleichen, was er jemals zu Gesicht bekommen hatte. Weder einem würdevollen Engel, noch einem elenden Menschen, noch einer abscheulichen Kreatur der Hölle glich sie. Ihr Gang war zu geschmeidig, ihr Kopf einen Tick zu schnell und zu grazil in der Art und Weise wie er herumfuhr und jemanden fixierte mit einer Intensität, die die Hölle zum Erstarren hätte bringen können. Und bei Gott, kaum ein Wesen des Himmels wusste so gut

wie er, was es bedeutete, sich gegen die Hölle zu stellen.
Und diese Augen erst - flammendes Eis, tiefstes Blau, das strahlte und zugleich von einem Schleier verdunkelt wurde. Zorn auf wen auch immer oder die Umstände, die diesen Schleier erschaffen hatten, flackerte heiß in ihm auf.
Etwas Wildes und viel zu Überlegtes lag in der Art und Weise, wie dieses Mädchen sich unbewusst verhielt, er konnte förmlich bis hier hoch riechen, dass sie so anders war. Faszinierend. Begeistert, ja süchtig nach ihr nach nur einem Blick, der in Versuchung führte. Wie sie ihn wohl ansehen würde? Wäre sie in der Lage zu verstehen - nein, instinktiv zu fühlen - wer er war? Konnte er Verständnis erwarten von jemandem, der nie verstanden worden war

POV DEMON

Eine neue Nacht, die Existenz jedoch bleibt so quälend dieselbe. Auch wenn ich so vieles vergessen habe und nichts so wirklich faszinierend genug sei, als dass es länger als für einen unbedeutenden Augenblick in meinem Kopf verweilen würde, diese Gestalt kann ich nicht aus meinen Gedanken verbannen. Selbst wenn ich nur einem Trugbild nachjagen sollte, war es dies wert. Das Gefühl, seit einer Ewigkeit in Apathie endlich wiederaufzuleben, nach Jahren in denen man immer dieselben stumpfen Gesichter vor sich gesehen hat, einen dunklen mysteriösen Ritter mit flammenden Augen in ungreifbarer Nähe zu

haben, es ist all das wert. Auch ruhelos in der Kälte auf einem Dach zu warten, ohne zu wissen, worauf ich überhaupt warte und
ob da überhaupt etwas ist, worauf es sich zu warten lohnt.

Unruhig huschen meine Augen durch die Straßen unter mir und über die dunklen Dächerreihen hinweg. Bin ich hier Jäger oder Gejagte? Auf der Suche oder Gesuchte? Die Dunkelheit, die mir sonst so willkommen ist, scheint dunkle Geheimnisse zu tragen. Ebenso wie sie mich verbirgt, kann sie irgendwo auch eine Gestalt verbergen, die vielleicht genau in diesem Augenblick, ihren glühenden Blick auf mich gerichtet hat…
Ist dort Furcht in meinem Herzen? Ist dort überhaupt eine Emotion bis auf das verzweifelte Sehnen nach… Ja wonach denn? Antworten auf Fragen, die ich nicht zu fragen wage? Einem Ort, an dem ich nicht mehr eine Fremde wäre? Licht, das die dunklen Schatten in meinem Herzen vertreibt? Erlösung von diesem undefinierbaren Streben? Oder doch nur Zugehörigkeit und etwas wie Liebe?
Leise atme ich aus, wohingegen mein Herz heftig pocht, als wollte es jemanden anlocken mit seinen zitternden Klängen, die durch die Nacht hallen. Was liegt dort draußen auf der Lauer? Was ist es, was in mir selbst lauert? Und will ich es überhaupt erfahren?

Ungerührt blicke ich herunter zu den Menschen unter mir. Was unterscheidet mich von ihnen? Weshalb können diese Kreaturen ebenso wie ich nicht schlafen und huschen durch dunkle Gassen und viel zu grell erleuchtete Passagen?

Die emotionslosen Augen eines Killers, der der Jagd überdrüssig
geworden ist, liegen auf der wuselnden Masse, nehmen jede
Bewegung deutlicher wahr, als sie in der Dunkelheit ausgeführt
wurde und erkennen doch nicht, wonach sie seit einer Ewigkeit
insgeheim suchen.
Und wenn es doch nur mein brennender Wunsch nach etwas
Besonderem war, der meinem Verstand half, einen Schatten in die
Landschaft zu malen, auf den doch nur Lichtreflektionen fielen?
**Wenn ich mir nun meine eigenen Retter, wie auch meine Monster
selbst erschaffe?** Ist das Flehen des Herzens tatsächlich so stark,
dass es ersehnte Einbildung erschafft und meinen sich langsam in
den sternenklaren Nächten auflösenden Verstand übertrumpft?

Die magischen Worte ‚**was wäre wenn?**' zerren an mir.
Kann ich mich losreißen von dem, was mich in Stücke reißt?
Doch die Versuchung ist so stark, die Möglichkeit endlich zu
finden wonach man sucht, zu verlockend. Was stimmt nicht mit
mir, dass mir eine Silhouette gleich die Hoffnung auf Erlösung
versprechen mag?
Meine Augen schließen sich. Wimpern zittern wie die Flügel eines
zum Sturz verdammten kleinen Vogels auf meinen bleichen
Wangen.
Ob in diesem Augenblick wohl gerade jemand irgendwo so dastand
wie ich, verbotene Dinge, die auch mir durch den Kopf gingen,
dachte oder schlichtweg überlegte, ob da irgendwo jemand war, der
an ihn dachte und ihn brauchte?

POV ANGEL

Es war dumm, er wusste es. Doch wäre es bei weitem nicht das erste Dumme, was er in seiner Existenz tat, da sein Herz es ihm einflüsterte. Er hat sie nicht vergessen können. Wäre er in der Lage gewesen zu träumen, wären alle seine Träume bis ans Ende der Zeit nur von ihr allein bevölkert. Also hatte er sich auch diese Nacht auf diesem einen Dach niedergelassen, direkt über der Stelle, wo er sie erblickt hatte. Diese Nacht war rauer, wilder. Der Wind peitschte um ihn herum, als hätte etwas die Natur zutiefst erzürnt und zerrte an seinem schwarzen Ledermantel. Kalt schnitt die Luft durch die Federn seiner nachtfarbenen Flügel.

In dieser Nacht war sein Blick nicht mehr ganz so verloren und unbestimmt wie sonst. Nach so langer Zeit hatte er ein Ziel und es erfüllte ihn mit einem eigenartigen Hochmut, einer ungeahnten Genugtuung, ja Befriedigung eines undefinierbaren Sehnens. Aber auch die Angst fand ihren Weg in sein aufgerührtes Inneres. Ja, er fürchtete sich davor jetzt tatsächlich gefunden zu haben, was er begehrte, die Chance es sich zu nehmen jedoch verstrichen war und er sie niemals mehr wiederfinden könnte in dieser riesigen Stadt, in dieser endlosen Welt. Er war sich sicher, dass er sie nicht würde aufspüren könnte. Instinktiv fühlte er, dass er sie nur wiedersehen könne, würde sie das wollen und ihn suchen. Wieso jedoch sollte jemand **ihn, bloß einen Schatten,** finden wollen?
Und was war, wenn gar das Gegenteil eintrat: er würde sie wiedersehen und enttäuscht sein, das Herz hatte wieder höher geschlagen als die

Realität es zuließ.
Mit Sicherheit hatte er sie in der vergangenen Nacht einfach nur verschreckt
und sie wollte diesen Vorfall so schnell wie möglich vergessen oder hielt es ohnehin für Einbildung.
Der magische Moment hatte ihn perplex zurückgelassen und als er seine Sinne und seinen Verstand wieder einigermaßen gefangen hatte, war er geschockt und zornig auf sich selbst zurückgewichen.
Was für einem romantischen Unsinn hatte er sich da gerade hingegeben?
*Er hatte seine Gestalt einer Sterblichen offenbart! Wenn sie ihn jedoch überhaupt erst erblickt hatte, konnte sie keine gewöhnliche Sterbliche sein. Normale Menschen trieben sich auch nicht einfach so nachts herum und schauten suchend zu Dächern auf. Er hatte **etwas** in ihrem Blick aufflammen sehen... kurz bevor er in die Lüfte entflohen war. Wieder einmal.*

*Was war das nur gewesen, was sie zusammengebracht hatte? **Zufall? Schicksal? Eine höhere Macht**, an die er den Glauben verloren hatte, obwohl er ihr doch entsprang und zu dienen hatte?*

POV DEMON

Zitternd atme ich aus und hebe meine Augen zum Himmel. Dunkel, sowohl tröstlich als auch befremdlich liegt er da, so wie in jeder Nacht, so wie er sich schon da oben ausgebreitet hatte, noch lange bevor Menschen über die Erde wandelten und er noch immer da verweilen wird, wenn es mich und meine gesamte Rasse nicht mehr geben wird. Die Sterne sehen alles, was hier unten geschieht und doch könnte es sie nicht weniger kümmern. Müsste der Nachthimmel nicht schwirren voller Gebete, stummem Flehen oder verzweifelten Ausrufen, die ihm von armseligen Geschöpfen wie mir entgegen geschleudert wurden?

Eine schwarze Krähe landet mit ihren Flügeln schlagend auf dem Geländer neben mir und starrt mich aus ihren smaragdgrünen Augen an, als ich mich ihr zuwende. **„Was weißt du schon von der Welt kleines Mädchen?"**, scheint ihr Blick aussagen zu wollen. Wie recht sie doch hat. Ich kann mir einbilden was ich will, ich habe nie gesehen, wie die fernen Länder meiner Träume aussehen. Mag sein, dass sie ihren Zauber verlieren würden, er sich im Smog anderer Städte, die dieser doch so ähnlich sind, auflösen würde, wenn ich tatsächlich dort stünde.

Mir einzubilden, ich würde verstehen, was diese Welt ausmacht, nur wenn ich vom Dach eines Hauses, an dessen Namen sich nie jemand erinnern wird, ebenso wie an meinen, auf die Welt unter mir blicke, ist illusorisch. Verdammt, ich kenne nicht einmal die Kraft, die mich in der heutigen Nacht auf dieses Dach gelockt hat und mich jetzt warten lässt, nur um mich noch mehr

(an ihrer Existenz) zweifeln zu lassen. Auch habe ich nicht die geringste Ahnung, was mich auch nur am nächsten Morgen erwartet, geschweige denn in entfernterer Zukunft!
Und so stehe ich nun hier, ein Umriss, der für alles Mögliche und doch wieder nichts stehen könnte. Hände tief vergraben in den Taschen meiner Jacke, so als würde mir ihr dünnes Leder irgendeinen Halt geben. Die Beine in einem breiten sicheren Stand aufgestellt, jederzeit bereit zu rennen, bis mich nichts mehr hält oder sich dem Feind zu stellen, der doch nie kommt, wenn man ihn fast schon sehnsüchtig erwartet. Wohl (bereit) um der Welt, die doch eh nicht hinschaut, zu zeigen, dass ich keinen Halt benötige. Langes feuerrotes, doch in der Nacht schlicht dunkles Haar, umspielt meine zierliche Gestalt und ein Gesicht, welches mit seiner Ausdruckslosigkeit viel zu viel verrät.
Möge die Nacht mich zur Abwechslung einmal überraschen.

POV ANGEL

Sein Blick schweifte suchend umher, langsam wurde er unruhig und Zweifel drohten ihn zu übermannen.
Waren all das bloß Fantasien gewesen, leere Hoffnung?
Das Licht der Sonne am Horizont, welches man fälschlicher Weise für das Licht am Ende des Tunnels hielt?

Da zogen zwei grüne, ganz sanfte Schimmer, die Glühwürmchen in einer sonderbaren Sommernacht glichen, seinen Blick auf sich. Wie untypisch, es war doch gerade einmal Frühling und er wartete noch immer auf die ersehnte Wärme.
Die Farbe jedoch weckte zart Erinnerungen, die sich vor langer Zeit in die Vergessenheit geflüchtet hatten. Wer hatte es so gewollt? Was hatte er zu vergessen gehabt? Und weshalb?
Welch' Überraschung sich dort wohl nun für ihn bereithielt.
Seine Neugierde war gepackt, er schritt näher, fast an die Kante des Daches heran. - Und erstarrte augenblicklich.
Das war SIE! Er wusste es intuitiv, die Zweifel wie weggefegt von einem Sturm an Emotionen. Beinah wäre er nach vorne gesprungen, auf sie zu ohne jegliche Vorsicht. Im letzten Augenblick erst wurde er sich dem gähnenden Abgrund vor seinen Füßen gewahr und sprang - erneut - entsetzt zurück.
War er jetzt etwa schon bereit, sich in den Abgrund zu stürzen für Erlösung?

POV DEMON

Ich hatte mich strategisch auf dem gegenüberliegenden Gebäude platziert. Um eine Kluft zwischen ihm und mir zu haben falls…
Ja, was erwartete ich eigentlich, was passieren würde?
War es womöglich eine Falle? Aber was, wenn er bereit war,

mein Herz zu fangen, doch es zu schwer war um so weit zu fliegen und stattdessen in den Abgrund stürzen würde?
Mein Herz pochte wild, nahezu schmerzhaft in der Erwartung.
War der Tag, an dem ich mich – und ihn! – finden würde, nun endlich gekommen? War es das, was ich mir immer erhofft hatte?
Oder wieder nur leere Versprechungen, vorgegaukeltes Glück?
Würde das Sehnen nun endlich ein Ende finden?

Moment, nahm ich dort drüber etwa eine Bewegung, einen Schatten war?
Dann erblickte ich ihn und das Herz setzte mir aus. Fast kehrte die Erinnerung an ihn wieder zurück…
Der Schatten war wiedergekommen. Für mich?
Welche Absicht steckte dahinter und wie würde dies für mich enden?
Gebannt, wie die Beute vor dem starren Blick des Jägers, trat ich vorwärts, an die Dachkante heran.
So kurz davor zu fallen … würde er mich auffangen?

Ich spürte, dass er mich anstarrte und wir beide den Atem anhielten. Unsere Energien synchronisierten sich auf sonderbare Weise mit einander. Elektrizität lag in der Luft, wie der Druck bei einem Gewitter, kurz bevor es sich in Blitzen und Donnergrollen schließlich entladen könne.
Ich konnte die Spannung nun nicht länger ertragen, **ich musste zu ihm. Viel zu lang schon war ich ihm fern gewesen.**
Mein Verstand und jegliche Rationalität waren mir entglitten.
Das Herz war nun endlich frei und ergoss sich in einen Schwall an

unterdrückten Emotionen in mir. Ich konnte sie kaum deuten. Erleichterung oder Unsicherheit bei dem, was nun geschehen würde? Welche Seite würde überwiegen? **Die mir vertraute Angst oder … Liebe? Was war es, was ich in ihm zu sehen glaubte?**

Unsere Blicke haben sich nun endlich gefangen, zwei Seelenhälften sich nach ewiger Trennung wiedergefunden. So gefangen in dem köstlichen Moment, dachte ich nicht einmal daran, wie ich zu ihm hätte gelangen sollen. Der einstige Plan war nun umgeworfen worden, alle vorherigen Überlegungen absolut belanglos. **Er war alles, was noch zählte, seine Nähe das Einzige, was ich verlangte.**

Gegenüberliegende Dächer, sich anziehende Herzen
Schreiten, ja schweben sie wie im Traum aufeinander zu
Die Vorfreude wächst, das Blut kocht auf – der Körper zitternd, das Innerste liegt wie in einem Beben, kurz vor einem Vulkanausbruch
Reißende Herzstränge von dem Sehnen gezogen, ziehen sich unaufhaltsam an
Die Verbindung vor langer Zeit getrennt, seitdem immerzu auf der Suche nach einander
Nun steht die Wiedervereinigung der beiden Urgewalten kurz bevor – endlich
Ying und Yang werden sich endlich wieder zusammenfügen und ineinander eingehen
Schwarzes Blut und weiße Seele vermengen sich
Hinterlassen Flecken auf und in einander

Verweben sich zu einer untrennbaren Einheit
Werden eine Seele – zu Zwillingsflammen –
so wie es ihnen von Anfang an bestimmt war

Nun setzte er zum Sprung an – und überwand mit einem Schlag
seiner mächtigen Flügel die Distanz zwischen uns, die mir noch
vor einem Herzschlag wie eine tiefe Kluft vorgekommen war.
Ich stellte es jetzt nicht einmal in Frage, instinktiv wusste ich
einfach, dass mir dies nicht fremd sein sollte.
Dieser Engel war zu **mir** gekommen. Erneut. Vielleicht war ich
nun doch nicht so gestraft, wie ich geglaubt hatte und der Himmel
erbarmte sich mir doch.

Die letzten fehlenden Schritte waren schnell überwunden und nun
stand ich direkt vor ihm. Sah ihm zum ersten Mal in die Augen
und erkannte ihn doch augenblicklich wieder.
Da lag eine Trauer, eine Dunkelheit in ihnen, die ich nur zu gut
aus meinem eigenen Herzen kannte. Wie die Augen, die mich jeden
Abend im Spiegel ansahen und diese Emotionen, die ich bis zum
nächsten Morgen – eigentlich **nie** abstreifen konnte.
Seine Pupillen waren erst so groß, dass sie seine Augen fast
komplett nachtschwarz einzufärben schienen.

Diese Schwärze schien wohl auf die Meinen überspringen zu
wollen – Nein, dort war reinweißes Licht in ihnen!
Endlich Befreit von der Vergangenheit konnte ich mein wahres
Ich, die andere Seite meines Wesens offenbaren
Niemand ist zum Bösen verdammt, aber es wird auch keiner
immerzu dem Guten dienen können

Licht explodierte in ihrer beider Augen und ergoss sich in die Welt

Dann, als der Schock in ihm abzuebben schien, wich das Schwarze zurück und gaben die Sicht, auf ein überwältigendes Waldgrün frei. Dieses Grün war einmal meine Welt gewesen. Diese zarte Farbe der Natur, war für mich Ursprung aller Hoffnung und Sanftheit,
ja des reinen Glücks gewesen. Erinnerungen rieselten wie Schneeflocken in das Dunkel dieser Leere in meinem Geist ein ...

Schließlich, als ich die Bestätigung in seinem Blick fand und wusste, dass er genauso empfand wie ich, fiel ich ihm ohne jegliches weitere Zögern in die Arme. Ich war mich jetzt absolut sicher, ich war angekommen. Er mein Hafen, von dem aus ich vor langer Zeit aufgebrochen war in die Welt, ohne zu wissen, wann und ob ich zurückkehren würde. Die Erwartung dieses Tages, dieses Moments war es also, die nachts mein Herz vor Sehnsucht zerrissen und Tränen in die müden Augen getrieben hatte.

Er schloss mich so fest in seine starken Arme, als müsse er sich an mir festhalten oder befürchtete gar, ich könnte seiner Umarmung wieder entschwinden. Wieso sollte ich mich jemals wieder von dem Ort, dieser Person lösen, die die Erfüllung meiner Träume bedeutete, eine Heimat für mein stets umherwandelndes Herz darstellte?
Es würde noch lange dauern, bis wir in der Lage wären, Worte auszusprechen. Für diesen unbeschreiblichen Moment, gab es ohnehin nicht die richtigen Worte. Also ließen wir unsere

Emotionen sprechen. Sie flossen nun so ungehindert zwischen uns, dass es für mich keinen Zweifel mehr gab, **dies war mein Seelengefährte**. Wieso nur, hat es so lange gedauert ihn wiederzufinden? Ich ahnte bereits, dass ich die Antwort auf diese Frage nicht erfahren wollte; das Herz sperrte sich zu sehr gegen die düsteren Erinnerungen ...

Doch das war mir jetzt nicht wichtig. Er war hier, bei mir und ich wusste, er würde so schnell nicht wieder gehen.
Wir hatten eine lange Nacht der Erklärungen vor uns, ich gierte geradezu danach zu erfahren, wo er so lange gewesen war, bevor er schließlich zu mir zurückkam. Und erinnerte er sich? Kannte er noch den Grund für unsere Trennung?
Dies sollte die schönste Nacht meines Lebens werden. Doch bedeutete es auch, nicht bloß stundenlang auf sein traumhaft schönes Engelsantlitz zu blicken, sondern nun auch der Vergangenheit endlich ins Gesicht zu schauen.
So schonungslos dies auch werden würde, ich wusste, jetzt da er bei mir war, war ich bereit dafür. Gemeinsam waren wir allen Feinden und selbst unserem eigenen Schicksal gewachsen.

ANGEL AND DEMON REUNITED

Zwischen den beiden Wesen war die Trennung nun verschwunden. Sie sahen einander an, diese flehende Sehnsucht war einem Gefühl von Zugehörigkeit und Heimat gewichen. Das Ziel nun endlich erreicht.
Gut und Böse, Schwarz und Weiß hatten sich umschlossen und

vermengt zu einer Palette aus Grau und tatsächlich, aus dieser jungen – und doch so alten Liebe – erwuchsen nun Farben, die sich ausbreiteten und die Welt um sie herum erfüllten und erhellten.

Die ironisch, dass ein Dach der Ort ihrer Wiedervereinigung sein sollte. Oder passte es nicht gerade? Hätten sie einander nicht auffangen können zu diesem Zeitpunkt, wären sie dann nicht womöglich beide abgestürzt? Und nun, mit der Möglichkeit himmlischer Flügel und höllischer Stärke war der Himmel endlich für sie beide wieder zugänglich.

Touching light and dark

BEFORE AND DURING:

A sudden gaze (striking) down into the closing abyss
The soft touch of heaven
A spark flying when breathing is merely possible
A fiery blaze, cold shivers down your spine
Shaking, jolting the world(s) you wrapped yourself in
A breath touching your delicate neck

Stirring the old demons
Long lost voices whispering

Remembering the fall, you were robbed of your grace

- And looking up through the bars of this eternal cage
Yearning for heaven
That would never even dare to look upon a creature like you!
Kissing the lips of daring
Touching the forbidden
And inhaling dark secrets shared
Crimes of the past flash behind closed eyes
Oh, **those sinful eyes**!

How comes that the light is such a familiar calling
for a being born in the dark like you?
Dark origins lingering on a tainted soul
Lion hidden, a lurking murderer
Wolf on the leap

Was wird dieses schicksalhafte Treffen hervorbringen?

AFTER:

Now parting and already yearning for reunion
The sweet kiss, soft touch of an angel's wing still lingering
Like a memory of a lovers caress
The surging fire slowly dying down, burning out again
Replaced by the all too familiar cold emptiness, this deep void
But the sense of a smoldering spark
Burning like a shot fired too soon

The startling your heart took at the peak,
the flickering of a life's energy (or an energy's life?)

Playing with fire, as always
Be careful not to burn yourself, you fool
For the flames of perdition might devour you
If you keep dancing along the abyss, looking down into fiery darkness
You might even deserve it...

I may be broken many times
But I am never lost
I *am just finding myself*
*Now that I found and recognized **you***
I can finally feel you out there now – and in the space in my heart that rested cold and empty for far too long
The senseless plight exchanged for a yearning with a reason, that can be satisfied now!

The stars you saw each night, the seeds to dreams
finally have a meaning to you, they found the place to grow
Hopelessly searching turned into striving for your dreams
Because you found the piece of your soul that has been missing,
that you lost as a price for your heinous actions, for your guilt
But your sentence is served now, you are free to love and to blossom again

———————————— E P I L O G ————————————

Und nun? Nachdem ich von der verbotenen Frucht gekostet habe?
Veränderte sich die Welt oder war ich diejenige, die eine Wandlung durchfuhr?
Was liegt nun in meinen Augen? Ein dunkles Geheimnis oder reine Grenzenlosigkeit? Eine goldene Flamme oder rotes Blut, welches nie versiegen oder vergeben wird? Wird jemals jemand das Aufblitzen meiner Augen bemerken oder werden sie dumpf vor sich hin glühen bis sie irgendwann verlöschen werden?
Unersättliche Leidenschaft oder flammende Gier? Was ist es, was uns treibt? Wie rein kann Bestreben sein? Wunsch und Illusion, Utopie und Verderben; wie weit bist du bereit für dein Ziel zu gehen?
Ist dein Sehnen nach einem Ort, an den du gehörst, so stark, dass du bereit bist eine Ewigkeit durch die karge Wüste der Einsamkeit zu stapfen, nur um vielleicht gar nie anzukommen und zu realisieren, dass Träume nicht erfüllt werden?

Ich bin der zeitlose Wandler, der auf vielleicht niemals eintretende Erlösung wartet. Vielleicht bin ich so real wie dein brennender Wunsch oder doch nur eine Katze, die durch die Nacht streift und Ungeheuer erschafft. Mag sein, dass ich nur ein Traum bin, ein Schatten, der deine Zweifel und Ängste bestätigt, oder ersehnte Einbildung. Doch existiere ich ohne jeden Zweifel so weit weg, dass du mich nicht sehen kannst und dennoch scheine ich direkt in deinem Herzen zu wohnen,
so deutlich spürst du mich.

Wieso sonst würdest du nachts deine Stirn gegen die kühle Fensterscheibe pressen statt zu ruhen?
Wieso sollte dich die Frage
'**Was wäre wenn?**' denn sonst unaufhörlich verfolgen?
Das Reißen in meiner Brust ist dir nur zu vertraut, es ist köstlich und grausam zugleich. Sowohl das ungezähmte Bestreben nach Freiheit als auch der Geist, der niemals Erlösung oder Frieden finden wird. Ich bin all das, was dich in Stücke reißt, wovon du dich jedoch nie losreißen könntest.
Ferne ist eine gefährliche Droge, die versucht zu viel Nähe zu kompensieren. Nur zu gut verstehe ich, dass du entfliehen möchtest. Wer würde dieses Leben schon für sich wählen, wenn irgendwo anders etwas ganz anderes, Verlockendes auf dich wartet?
Ich bin Traum und Albtraum zugleich, Flammeninfernos peitschen in meinem Innersten umher, machen mich unbesiegbar. Lecken ach so zart an meinem Herzen und zerfetzen meine Rationalität. Verbrennen die Gefühle, aber niemals die Schuld. Kannst du es ertragen niedergebrannt zu werden, um das Brennen deines Begehrens zu löschen? Bist du bereit alles aufzugeben, was dich hindert, aber auch was du liebst? Kannst du deinen schützenden Mantel gehen lassen, tief einatmen während du ihm zusiehst, wie er sich auflöst und mir dein rohes wahres Selbst offenbaren? Ist es dir wert, dich dir selbst zu stellen, um deinem tiefsten Wunsch nachzujagen?

Dann ergreife meine geisterhafte Hand, fürchte dich nicht vor ihrer Kälte. Werde so wie ich und lasse alle Grenzen hinter dir. Lass uns über die Dächer rennen, über die Köpfe dieser unfreien Kreaturen

hinwegfliegen. Egal wie dunkel die Nacht erscheint, am Ende werden wir der glutroten Sonne entgegenlaufen. Auch wenn wir dem Horizont nie näherkommen können und der Mond immer dort oben über uns verweilen wird, können unsere so ungreifbar scheinenden Träume in unsere Reichweite kommen, in unsere Realität gezogen werden.
Lass uns lernen, Herzen zu lesen, lass und auf unseren Wünschen dahinfliegen. Die Fantasie ist der beste Begleiter, den wir besitzen. Da ist es eine Schande, dass wir ihn nie so nah an uns heranlassen, dass er uns zeigt, was alles möglich wäre.

<u>Alternatives Ende und Erinnerungen</u>
(wenn sie sich nie wieder begegnet wären)

Bereust du, wie dein Leben verlaufen ist?
Bist du stolz darauf, wer du bist oder bereust du
jede einzelne Sekunde deiner Existenz?

Du stehst da, starrst auf die weite Ebene vor dir
Einst hattest du alles, warst vollkommen
War es das wert, alles zu verlieren?
Oder war Vollkommenheit tatsächlich etwas ganz Anderes,
als du dachtest?
Wieso war dein damaliges Leben bloß nicht genug?
Würdest du zurückgehen, wenn du könntest?

Du legst deine Stirn an das gläserne Fenster, deinen unsichtbaren Käfig
Erinnerst du dich daran, wie es war frei zu sein?

Weißt du noch was es heißt, der zu sein,
der man zu sein bestimmt ist?
*Das **hier** wird niemals genug sein*
Denn wie perfekt es auch sein mag, deine Vergangenheit war
vollkommen in ihrer Einfachheit
Keine Zweifel, kein Halten, keine Regeln und keine Schuld
Du denkst daran, was du falsch gemacht hast,
dass du das einstige Glück nie verdient hättest
War es das wert? War Stolz es wert alles andere zu vergessen?
Wie ist es jetzt nur zu existieren, wenn dir der Geschmack
des Lebens noch auf der Zunge liegt?
Wie ist es einen Käfig zu sehen, wo früher Grenzenlosigkeit war?
Wie ist es grau zu sehen wo früher ein Farbenmeer war?
Ist die Leere es wert, eine dumpfe Übermacht der Emotionen
gegen sie einzutauschen?
Wie kannst du jetzt weitermachen, wenn es nichts mehr gibt,
wofür es sich zu kämpfen lohnt?
Wie ist es ein sinnloses Leben zu führen, das vielleicht sorgenlos
sein mag?
Du kanntest so viel mehr und es pulsiert noch immer in deinem
Blut, doch für immer verloren, aus deiner Reichweite gezogen

Niemals wirst du vergessen können, wie es war zu fliegen und
jedes Mal wenn du einen Vogel über den Himmel dahingleiten
siehst, tötet es dich
Du hast dich selbst aufgegeben und alles wofür du stundest,
wofür es dich gab
Doch kümmert es dich überhaupt noch?

© 2015 Skye Silva

ANHANG

Disclaimer

Dies ist ein fiktives Werk und spiegelt nicht originalgetreu die Ansichten der Verfasserin wieder. Es ist als ein Spiel mit Worten und Ideen zu verstehen und in keiner Weise ist es beabsichtigt, extremistische Propaganda, gewaltverherrlichende Inhalte, politische Meinungen oder dergleichen zu verbreiten. Die Meinungsbildung der Leser soll nicht beeinflusst werden und geäußerte Ideen bestenfalls zum Nachdenken anregen. Keine negativen Absichten verbergen sich hinter den Aussagen dieses Buches und die etwas „härtere" Ausdrucksweise in einigen Texten, gibt nicht die Ansichten der Autorin wieder, sondern dient lediglich dem kreativen Ausdruck in poetischer Form.

Danksagung

Mein herzlicher Dank gilt all den Menschen mit wundervollen kreativen Seelen, die mir erst ermöglicht haben, dieses Werk zu erschaffen!

Das erste Dankeschön, gilt selbstverständlich meinen Eltern, dafür dass ihr aus mir gemacht habt, was ich heute bin und mich im Schreiben immer unterstützt habt.

Dicht gefolgt, mein Partner und Seelengefährte, Colin Sprenger. Ich danke dir aufrichtig für all die Geduld und dass du alles gibst um mir zu helfen, mein wahres Potenzial zu entfalten!

Nun ein riesiges Dankeschön an meine liebsten Freunde:
*Meiner besten Freundin Theresia Blaschy, dafür dass du stets zu mir gestanden hast, nie den Glauben an mich verloren und mir bei wirklich **allem immer** zugehört hast!*
*Jovana Krispin, meine wunderbare Indigo Sister und Seelenschwester! Du hast wohl doch recht gehabt, ich bin **kein** entsetzlicher Mensch und mein Schreiben wohl doch ganz passabel, wenn ich es so weit gebracht habe.*

Eine riesige soulige Umarmung an die begnadete Künstlerin Anke Schaubrenner!

Ihr Projekt ‚Soulwriting' war es erst, dass mir Mut gemacht hat, meine Texte mit der Welt zu teilen! Danke für jedes liebe Wort der Unterstützung. Ich erinnere mich an deine Worte: „Du bist eine Seiltänzerin und irgendwann einmal wird die Welt zu dir aufsehen!" Ich glaube heute ist der Tag gekommen, an dem ich mich auf dieses Seil begebe und abhebe!
Auch einen sehr lieben Dank an alle weiteren Soulwriter aus Hamburg! Allen voran Felix Kossmann und Emma Pincon, die meine Betaleser waren und sehr mit ihrer konstruktiven Kritik geholfen haben! Besonders Felix schreibt sehr tiefgründige Texte, die ich auch gerne meinen Lesern ans Herz legen möchte!
Der Text „Schatten(kinder)" ist in Zusammenhang von einem der ‚Soulwriting'-Projekte entstanden.

Auch bedanke ich mich bei meiner ehemaligen Deutschlehrerin Frau Luster! Der beste Unterricht, den ich je haben durfte und ich habe immerzu die beste Unterstützung von ihr erhalten, besonders in Bezug auf mein Schreiben! Der Text „Träume" ist als eine Hausaufgabe in ihrem Deutschleistungskurs entstanden!

Jetzt aber das wichtigste Lob und der herzlichste Dank von allen - an meine Leser! Jeder einzelne von euch ist ein Geschenk und ich schenke euch mit jedem Text einen Teil meiner Seele und trage mit jeder meiner

*Geschichten etwas von mir in die Welt.
Ihr seid es erst, die meine Story in euren
Köpfen zum Leben erweckt! Es ist die reine
Wahrheit, dass ich ohne euch und eure
Unterstützung, diesen Traum vom
Veröffentlichen und meine Leidenschaft des
Schreibens nicht ausüben könnte.*

*Danke für das, wofür selbst mir die Worte
fehlen. Auf unzählige weitere Geschichten und
ansteckende Ideen!!!*

Einige Links und Kontaktdaten von mir

Meine Website:

www.skyesilva.wordpress.com

Social Media:

www.facebook.com/skye.silva.7505

www.tumblr.com/blog/skye-silva

Meine Kontakt-E-Mail Adresse:

mariakach@gmx.de

Mein Buch ist als eBook und Printausgabe erhältlich auf:

Books on Demand &

Amazon:
www.amazon.de/dp/B06XWJZFFR/ref=sr_1_1?s=digital-text&ie=UTF8&qid=1490829997&sr=1-1&keywords=diary+of+a+poet

CreateSpace:
www.createspace.com/7055876

Mein Schreiben

Das Schreiben begleitet mich bereits mein gesamtes Leben lang und mein größter Wunsch ist, diese Leidenschaft auch Zukunft mit vielen neuen Werken verwirklichen zu können! Bereits seit vielen Jahren schreibe ich mit Leidenschaft Lyrik, Texte, Kurzgeschichten und auch Romane, selbst am Drama habe ich mich bereits versucht. Auch habe ich bei dem Projekt „Soulwriting" mit Anke Schaubrenner mitgewirkt und online kürzere Texte veröffentlicht.
Mein Ziel wäre es, in einen größeren Verlag aufgenommen zu werden und auch irgendwann einmal Literatur bzw. Literarisches Schreiben zu studieren und dann als Lektorin wie auch weiterhin als Autorin tätig zu sein.

Zu Erfinden und Schreiben ist meine große Leidenschaft, einfach alles was meine Seele ausmacht und in meinen Augen mehr als bloß eine Beschäftigung.
Ich möchte mich mitteilen, Leute wahrhaftig mit meinen Geschichten und Ideen erreichen und sie inspirieren!
Im Grunde schreibe ich, seit ich dessen mächtig bin und habe auch davor schon allerlei Sachen zusammenfantasiert.
Geschichten waren mir schon immer irgendwie heimischer als Menschen und die Regeln und Konventionen der modernen Welt.
Ich sehe Geschichten gerne als Fluchtweg des

Geistes, die Chance über den Horizont des Möglichen hinauszuschreiten mit unserem größten Geschenk, der Phantasie.
Das erste richtige Werk habe ich mit 13 Jahren begonnen und immer noch nicht gänzlich vollendet... Dabei ist Fantasy und Mystisches mein Hauptgebiet, aber auch etwas Science-Fiction habe ich bereits verfasst (wenn auch noch nicht veröffentlicht).

Meine Motivation als Autorin ist Themen, die mich bewegen, anzusprechen und diese wie auch meine persönlichen Sichtweisen meinen Lesern zu vermitteln. Ich möchte entführen in fremde Welten, dieses atemberaubende Gefühl der Spannung erzeugen, Gefühlswelten ergründen. Sich mitzuteilen und ästhetisch-künstlerisch wirken zu können, ist mein höchstes Ziel. Ich will berühren, echte Gefühle hervorrufen, zu Tränen und Wutausbrüchen rühren, Tragik schaffen und Glück ermöglichen. Mit Worten spielen, appellieren, alles hinterfragen, Meinung bilden lassen und provozieren, zum Denken anregen und alle weiteren Möglichkeiten, die Literatur bietet, möchte ich zu meinem Besten ausschöpfen.

Autorenbiographie

Eine 19 Jahre alte Autorin, die mit ihrem Freund in Hannover lebt und ihr Herz an die Literatur und das Schreiben verloren hat. Ganz gleich ob Prosa, Lyrik oder auch Drama, meine Texte sind vielzeitig und für jeden sollte etwas dabei sein.
Mein Stil ist mal philosophisch, mal melancholisch, mal einfach nur schön poetisch verworren oder auch einfach ganz frei und ungezwungen!
Seit Anfang 2017 bin ich als professionelle freiberufliche Schriftstellerin als Selfpublisher tätig. „Diary of a poet" ist mein Erstlingswerk, eine englische Ausgabe und eine weitere Anthologie sind schon in Aussicht und hoffentlich werden noch viele weitere Kurzgeschichten, Lyrik und bald auch mein erster Roman folgen!